北大版海外汉语教材

Mei Zhou Chinese

美 洲 华 语

第三册　课本 Textbook

许笑浓　主编

veranKae@gmail.com

北京大学出版社
PEKING UNIVERSITY PRESS

图书在版编目(CIP)数据

美洲华语·第三册·课本 / 许笑浓主编. —北京：北京大学出版社，2011.10
（北大版海外汉语教材）

ISBN 978-7-301-15969-9

Ⅰ.美…　Ⅱ.许…　Ⅲ.汉语–对外汉语教学–教材　Ⅳ.H195.4

中国版本图书馆 CIP 数据核字(2009)第 179202 号

书　　　　名：美洲华语·第三册·课本
著 作 责 任 者：许笑浓　主编
责 任 编 辑：邓晓霞
标 准 书 号：ISBN 978-7-301-15969-9/H·2341
出 版 发 行：北京大学出版社
地　　　　址：北京市海淀区成府路 205 号　100871
网　　　　址：http://www.pup.cn
电　　　　话：邮购部 62752015　发行部 62750672　编辑部 62767349　出版部 62754962
电 子 邮 箱：zpup@pup.pku.edu.cn
印 　刷　 者：北京大学印刷厂
经 　销　 者：新华书店
　　　　　　889毫米×1194毫米　大 16 开本　8.25 印张　181 千字
　　　　　　2011年 10月第 1 版　2011 年 10月第 1 次印刷
定　　　　价：48.00 元(附 CD-Rom 一张)

目　录

序 言

随着中美两国经贸合作、文化交流的发展，美国人学习中文的热情也日益高涨。近几年，在中国内地学中文的美国学生人数已跃居第三位，仅次于韩国和日本；而在美国，中文也超越了日语和俄语，成为第五大热门外语。（前四种依次为西班牙语、法语、德语和拉丁语）。大学里选修中文的学生逐年递增，成千的中小学申请增设中文课程，社区中文学校的学生已达十六七万，美国教育部门甚至打算在几个州试点从幼儿园一直到大学毕业的一条龙中文教学计划，以培养真正的"中国通"。外语教学最好从娃娃起步，这已经成为当今社会的共识，中国现在成千上万的小学、幼儿园，不都早已在教英语了吗？

近年来，供美国中小学生用的中文教材也越来越多，光从中国内地、台湾、香港等地送来的就不下一二十种，百花齐放，美不胜收。一般来说，这些境外编写的教材比较注重中文学科的系统性和科学性，强调中华文化的正面灌输，但因对美国中小学生的知识水平和生活经验缺乏深切了解，有时难免隔靴搔痒，达不到预期的效果。所以，在美国教孩子学中文的教材，最理想的还是由知根知底的美国本土中文教师来编为好。这几年，也确实出版了几种颇受欢迎的本土中文教材，其中《美洲华语》是影响最大的教材之一，不出几年，光繁体字版就发行了好几万册，除当地中小学和社区中文学校使用外，英国、加拿大、丹麦等地也纷纷前来订购。现在再出简体版，将进一步扩大它的服务面，甚至对中国内地近百所国际学校的中文教学也有切实的借鉴作用。这套教材为什么会如此广受欢迎呢？我觉得它至少具有以下四方面的特色：

首先是它的科学性。作者从语言就是交际工具这一本质认识出发，制订明确的教学目标，循序渐进，通过反复的综合训练，来提高学生的中文交际能力，做到了纲举目张。教材严格按照美国外语教学标准和美国外语评鉴规范的要求来编写，对象是小学一年级到高中十二年级的学生。《美洲华语》全部十二册，学完八册就能达到美国高中中文水平测试（中文SAT II测验）和高中先修大学中文课程测试（AP中文）的要求。其中，教材特别注重在实际生活中的交际沟通功能：初级课文都有看图说话、看图对话的内容，中高级课文则有课堂讨论、讲故事等训练，由浅入深地培养口语表达能力。另外，也尽量将学生置身于中文环境中，通过做礼券、写贺卡、填表格、点菜单以及看旅游广告、商店招牌、用药说明、诊所告示等综合训练，扎实有效地培养用中文与社会沟通的能力。

其次是它的亲和力。人有脸，教材其实也有脸。即便正人君子，假如威严十足，人们也会敬而远之。同样，一本教材，即使科学水平很高，但如四平八稳，严肃有余，活泼不足，学生也会兴味索然，学习热情大打折扣。而本书亲切自然的风格，成为开启学生智慧的一把重要钥匙。

从内容上看，每册教材的选材都充分考虑到美国该年级学生的知识层面和生活经验的范畴，使同学感到亲切易懂。比如第二册介绍美国孩子常吃的食品名称，第三册介绍美国的地理地貌和多元人种，第四册介绍太阳系的另外六大行星等课文，都是与同年级所学的知识相依傍，显得自然、亲切。再如第六

1

册第一课"中学生的一天"介绍中学生上课与小学生不同之处,第七册谈到中学生禁止吸烟等事都贴近中学生的实际生活,使他们很容易接受。

从构思谋篇的技巧来看,也尽量做到自然流畅,水乳交融。如从美国孩子几乎人人看过的动画片"木兰"谈到中国的花木兰,再到华盛顿时期同样女扮男装的美国花木兰,历史的巧合,令人兴趣盎然。第六册课文"学生最喜欢的米夫子"中,从美国老师米夫子引出孔夫子的格言,再转到美国加州的孔子日和美国的教师节,自然地介绍了中美的文化习俗,紧接着故事阅读是"孔子的故事",进一步介绍了孔子的学说和影响,显得顺理成章。书中不少篇目都采用了一种融合中西、贯通古今的叙事笔法:如从蔡伦造纸的故事说到环境保护和废纸回收利用;用美国中学生禁烟的故事连接中国鸦片战争历史,最后又回到反毒问题等,将中国历史故事与美国现实生活浑然结合,又不乏教育意义,处处都显示出编者的功力。在某些文化现象的介绍上,又采取生动的比较法,给人深刻印象。如第六册的"一举两得"一文,先介绍了"一举两得"、"半途而废"、"火上加油"、"事半功倍"等在中英文中十分相似的成语,使学生有"君子所见略同"之感,接着的故事阅读"有趣的成语故事"则通过大家讲故事的方式介绍了"对牛弹琴"、"自相矛盾"、"亡羊补牢"等具有中国特色的成语,中西对比,同中有异,自然亲切。书中也注意介绍绝然相反的中美文化习俗,诸如美国人和长辈取同样的名字表示敬爱之情,而中国人则要避免与长辈同名,否则大逆不道等等,也都是非常有趣又很有用的常识。

第三是它的趣味性。充分的趣味性,这是编写儿童外语教材最需强调的要素。成年人学外语,有较强的目的性和自制力,教材即使乏味一点,多半也能硬着头皮学下去;而对孩子们来说,学外语本身就是一门苦差使,如果教材再无趣,更会加倍厌烦,必然事倍功半。所以编写供孩子学习的外语教材,趣味性的强弱甚至将决定教材的成败。但趣味性并不等同于一味地讲笑话、玩游戏,而是要在教学的各个环节上做到内容充实、形式多样,引人入胜。此书在这方面也有不少值得称道的尝试。

如全书插图丰富,生动传神。看图识字、看图认短语、看图对话,看图讲故事,看图认钱币,看图认菜肴……图文并茂,从感性到理性,让孩子从不断的比较和选择中去主动地获取知识,不仅学了中文,也启迪了才智。

汉字,往往是初学者的难点。但本书从最简单的象形字、会意字入手:月、山、林、火……一个个都生动传神,接着又通过拼字游戏等方式逐步扩展生字面,学生感受的首先是有趣而奇妙,也就不畏难了。再如书中许多中美文化、历史和生活习俗的内容,大都是通过讲故事,做游戏,办活动等形式来生动活泼地进行介绍;不少课文,还常有出人意外的结尾,幽默隽永,回味无穷,不仅深受孩子喜爱,也从整体上提升了教材的文学格调。

第四是它的实用性。这在学和教两个方面都有充分体现。一是学的内容非常有用,语言、文化并重,强调交际、沟通,甚至包括电脑中文打字的训练。尤其重视语音的学习,一开始就运用先进的汉语节律朗读训练法,彻底摈弃洋腔洋调,让学生说一口地道的汉语,这在其他中文教材中是很少见的。二是这教材对执教的老师也非常实用。虽然没有教师手册,但在每一单元课文和练习中,都严格规定了教学进度、教学流程和操作规范以及练习的方式和要求,书后还附有全部课文和故事阅读的英语译文,除课本和作业本外,还配有生字卡片(繁简体互见,标示笔顺、例举词语并附英文注释)、CD-Rom光碟等一系列辅助教具，帮助教师得心应手地去主导教学活动。总之，这是一套很有创意又非常合用的本土中文教材。

教材主编许笑浓女士嘱我为本书写篇序言，让我有机会把已出版的一至七册教材细细读了一遍。其实，对编写教材所经历的诸多磨难和甘苦，外人是难有切身体会的，真所谓如人饮水，冷暖自知。所以，这套由一个精干的团队兢兢业业花了多年心血编写出来的煌煌巨著，要我这个局外人用一篇短文来概括其精髓，就难免挂一漏万。以上说的四点，权且作为我的读书心得吧！

许笑浓女士是我近二十年的老朋友了，她是全美中文学校联合总会的创会会长，在美从事中文教学和研究三十余年，一心一意，孜孜不倦，中文教学好像成了她生命中的第一要素，令人敬仰。她们的编辑团队，有的是中文学校的校长、教务长，有的是资深的教师，是一个老中青三结合的理想梯队，也是一个敬业乐群的团队。我曾有幸与她们一起多次组织北美中文教学界访华研习团访问中国内地，一起走遍长城内外，大江南北，去许多知名的大、中、小学观摩教学，与同行们交流经验和心得。她们那种乐观进取的激情、虚怀若谷的情怀和团结友爱的精神，都给我留下了深刻的印象。我觉得这是一群与许笑浓一样，充满爱心和奉献精神，愿把毕生精力献给海外中文教学和传承中华文化事业的人，能为她们的教材写序，是我的荣幸。我为她们的成就由衷地高兴，并为她们的崇高事业深深祝福。

北京大学出版社是一个有眼光有格调的出版社，近年来它出版的许多优秀中文教材在学界广有影响，但今天这套简体字版的《美洲华语》却是一张新面孔，但愿这个由华夏母亲在北美大地上孕育出来的新生儿能与北大的兄弟姊妹们携手前进，走向更广阔的世界。是为序。

美国加州中国语言教学研究中心理事长

潘兆明

2010年5月于旧金山湾区

潘兆明教授，浙江海宁人。1955年毕业于北京大学中文系。曾任北大中文系汉语教研室副主任、北大对外汉语教学中心副主任、教授。曾当选世界汉语学会常务理事、中国修辞学会理事、北京语言学会理事。现任美国加州中国语言教学研究中心（Chinese Language Education & Research Center-CLERC）理事长。著有专著三部，教材六种，论文三十余篇。

前　言

　　《美洲华语》是一套结合语言课本、生字卡、作业和多媒体教具的综合性教材。常常有人问一般的中文课本字数少、内容简短，为什么《美洲华语》不一样呢？编写《美洲华语》的理念是什么？我想用一个亲身经历的事情来做说明：多年前，一个美国朋友要我教他用筷子，他学得专心而且认真地记笔记，之后又不断地练习，不久就用得纯熟了。看老外都这么有兴趣，我也兴冲冲地教我中文班上的学生用筷子，没料到他们毫无兴趣。第二次上课，我捧了一大盘香喷喷的炒面走进教室，有了用筷子的目标，学生们果然都兴奋起来了，个个专心学用筷子，于是我的目的就轻易地达到了。语文和筷子都是工具，如果想要孩子爱学中文就得用丰富精彩的内容吸引他们，让他们不自觉地学中文、说中文，这就是我给孩子编写语言课本的理念。在学生们的眼里，《美洲华语》的图片多、文字多但是容易念，《美洲华语》像故事书一般的亲切，能帮助他们提升中文能力、具有成就感。《美洲华语》课本在语言的表达上要求整体意念的流畅，每册的生字量与其他中文课本相当，但是文字总数却是其他课本的十几倍，所以学过的生字词还不断地重复出现，让孩子学习有成效，不容易学了后头忘了前头；词汇的范围包含同步学习的各项学科，让学生随着年龄的增长，中文习得能力也在同步增长。

　　《美洲华语》用怎样的内容吸引孩子学中文呢？这也是常被问到的问题。《美洲华语》每册均附有该册的编写大纲、编写方式、教学及课程进度设计等说明。《美洲华语》的题材多元，它涵盖了人文、历史、科学、社会、文学、寓言、成语故事、民俗节日和日常生活等。《美洲华语》中课文、故事和会话内容的深浅随着学生的年龄、生活经验和习得知识而增长。孩子们在成长过程中，随时可能遇到自我认同的疑惑，因此自信心及自我意识的培养犹为重要。所以，《美洲华语》内容的主调就是帮助学生心理与智能的健康发展，在文化意识上强调中西思想的融合贯通，这些意图都蕴藏在课本的内容里，让每

篇课文、故事和会话都与学生的思想产生共鸣，给他们自由发挥的空间。如果要问《美洲华语》的中心思想是什么？那就是培育具有中西文化特质的优秀公民、共同促使中华文化成为美国主流文化的一部分，增进民族间、族裔间的理解与和谐。

　　我从事中文教学与行政管理工作已经有三十多年的历史。这么多年来，我一直在中文教学的氛围里学习和成长，对于家长们的期望、孩子们学习中文的挫折和老师们教学的辛苦感同身受。我常常想，如果有一套让学生开心，家长放心和老师省心的课本那该有多好？2003年6月，在美国大学理事会宣布推出AP中文测试的决定之后，应

各地区中文学校的要求并获得支持后，我组织《美洲华语》编辑团队开始编辑和出版工作，多年来的艰辛、汗水与挫折，在孩子们的欢声、家长们的笑语和老师们的鼓励声中得到了回报。现在不仅美国中文学校使用，而且东西岸的一些公私立学校的双语班（bilingual/ immersion class）也采用。我希望越来越多的学校和家长都愿意使用《美洲华语》，并与我们建立起密切的联系，通过我们的共同努力，使《美洲华语》日臻完善。

最后，我首先要感谢《美洲华语》团队的五位基本成员———朱凯琳、李雅莉、许美玲、郑佩玲和卢业佩（姓氏笔画为序），还要感谢协助我们的两位老师裘锦澐和赵怡德，没有她们的支持与合作就不可能有《美洲华语》的出版。我更要感谢潘兆明教授和沈浦娜主任，由于他们的赏识和推荐，盛名远播的北京大学出版社将出版简体字版，让更多的学生得以使用。2003年以来，《美洲华语》得到许许多多团体和热心人士的提携及爱护，我等铭记于心，并在此致上衷心的感谢。

《美洲华语》主编/创作编写　许笑浓
2010年春于美国加州橙县

使用说明

编写背景

《美洲华语》是由《美洲华语》教材编委会为美洲地区1年级至12年级的学生编写的中文教材，适合每周上课2～4小时的中文学校学生使用，并与美国高中中文进阶课程（Chinese Advance Placement Program，简称AP）以及美国大学的中文教学相衔接。

《美洲华语》共12册，每册自成一套。包括课本、作业本（活页式一本或装订式AB两本）、生字卡、CD-Rom光盘四个部分。

《美洲华语》简体字版采用汉语拼音注音，繁体字版则同时采用注音符号及汉语拼音注音。

《美洲华语》课本，是以美国外语教学标准(Standards for Foreign Language Learning，5C)、美国外语评价规范(National Assessment Educational Progress Framework)为准则，融合多元智慧(Multiple Intelligence)编写而成。美国外语教学标准(5C)为：1. 培养沟通能力(Communication)；2. 体认中国文化与习俗(Cultures)；3. 贯连其他学科(Connections)；4. 比较中西文化特性(Comparisons)；5. 运用于实际生活(Communities)。五大指标中的"沟通"又包括三个沟通模式(3 Modes)：双向沟通(Interpersonal)，理解诠释(Interpretive)，表达演示(Presentational)。因此，《美洲华语》各册内容的选材，均以相应年级学龄学生的各科知识层面、生活经验和对等程度的中国文化为主。各册课本、作业及辅助教材的设计，也特别注重学生在听力理解、口语表达、阅读理解、书写和翻译能力等方面的学习，以利于掌握三种沟通模式，融入多元智慧，从而达到"5C"外语教学标准。

教学方法

教学方法包括四个重点：语音教学、字词教学、情境教学和人文教学。

一、语音教学

中国语言(以下称汉语)是有声调的语言，语音的准确是学习语言的基本要求。

汉语语音的特点是以音节为基本单位，音节由声母、韵母和声调构成，一个音节下可能包括几个不同意思的字。句子有特定的语调，以及重音、停顿、节奏等韵律特征，不掌握这些，说出话来就难免洋腔洋调。因此，本书的课文和故事均用浅蓝色线条加以标注，根据词组和语意，标出每句话语中的停顿(音步)。本书十分重视语音教学，在标注汉字本身读音的基础上，对口语中的语流音变（主要是变调）也加以标注。具体做法是：

一、本书的生字均标注本身读音，课文和故事中的词语如须三声变调则在汉语拼音后面加上数字表示变读后的声调，以方便学生朗读。如"很好"，本书注音为"hěn2 hǎo"，数字2表示该音节变为二声。

"一"和"不"的标调则按实际声调标注。

二、为适合实际教学的需要，本书汉语拼音标注采用美国大学汉语教科书通行的标注法。

三、儿化词均出现"儿"，如"真好玩儿"。

四、为方便学生朗读，本书采用"汉语节律符号"为课文和故事的句子标注音步和节律。"符号"如下：

    ：音节   ：轻读   ：重音   ：延长音   ：上扬   ：下抑   ：先抑后扬   ：顿号

二、字词教学

中国文字(以下称汉字)是表意文字。每个字都有形、音、义三部分。本书注重从汉字的特点出发引导学生学习汉字，具体做法是：

1. 用大量的图画来介绍生字和生词。用图画来展示汉字造字的原理，体现字形与字义的关系，最能加学生对字形、字义的认识和记忆。本册用160幅图画来帮助学生学习137个生字及其相关的274个常用词语。

2. 字、词的学习，采用"触类旁通"的方式。譬如："石头边上有海草、海星等小生物。""等一下，他马上就来了。""4个25分等于一元。"在以上的三个句子中，"等"的意义各不相同。如果课文中出现"石头边上有海草、海星等小生物。"则"等"的其他意义及用法将出现在课本的故事、会话和其他课文之中。通过有规律的重现，使学生温故知新，达到最佳的学习效果。不属于本课学习的生词在同页注有英文翻译，以帮助学生理解课文。

3. 生字教学采用"识繁写简"。繁体字在台湾、香港及澳门广泛使用。在海外也有很多使用群体。即使中国内地在一定的场合如招牌、书法作品及文化古迹也存在繁体字。

三、情境教学

学习语言最自然最有效的方法，就是在情境中学习。本书为学生设计了两种情境学习的方式：

1. 连环画故事：将故事的内容，以连环画的形式生动活泼地呈现出来。每幅画配有说明文字，尽量采用已学过的字词以及该课生字、生词。连环画故事不但帮助学生更直观地掌握该课生字、生词的意义及用法，还可以复习以前学过的字词。老师则可以借助生动有趣的图画故事，吸引学生进入故事情境，引导学生一遍又一遍地读故事、讲故事，使学生在故事的情节和对白中，学习如何正确、得体地使用语言。

2. 会话练习：语言最基本的功能就是交际。根据学生平日常遇到的情境，运用所学过的字词，设计对话练习，以增强学生的口语表达能力。

四、人文教学

"语文教学就是人文教学"，这是本书编委会的基本理念。本书把每课课文和故事中体现的人文蕴涵，结合用日常生活中的实例，编成"亲子话题"作业，可由老师、家长和学生互动完成。本册十课的亲子话题为：学好中文、盲从、观察、反悔、问候、温和、知恩感恩报恩、储蓄、亲情和寻根。为方便许多母语非中文的家长，本书附录中有"亲子话题"的英译文。

编写方式与内容

本册内容以美洲地区小学三年级学生各项学科的知识水平与生活经验为主。用浅显易懂的文字编写成有趣的人文故事、短文、童谣和儿歌，将儿童文学、生活伦理、人文关怀、自然科学等中国和美国本土文化内容生动地体现出来，使学生能在轻松有趣的语文学习情境中学习，达到寓教于乐的目的。

本册共有十课。每课包括课文、语文练习及讲故事三大部分。成书形式为：课本+CD-Rom光盘，另配作业本，含生字卡一套。

一、课文：

1. 每课有一到二篇文章。课文形式包括短文、散文和现代童诗。特点是文字浅显易懂、音韵琅琅上口、内容诙谐有趣。

2. 本书根据词组和语意以浅蓝色的线条和符号标出节律，学生只需根据节律符号朗读，就能以抑扬顿挫的语调读出课文的情趣和韵味。

3. 为了加强学生认字和读字的能力，第三册开始，逐步取消汉字的汉语拼音。

4. 课文均有英文翻译，附在课本后面。

二、语文练习：

练习形式多种多样，生动活泼，主要有以下几种类型：

1. 字词语读一读：本册共有137个生字及其相关的274个常用词语。词语配有图片说明，便于学生做看图造句的练习。

2. 认识繁体字：介绍生字时，本书会标出相应的繁体字的写法。

3. 造句练习：本册列出课文中适合三年级学生程度、重要而且常用的句型，让学生反复进行造句练习。有时还配合图片使学生更容易理解，训练学生应用所学过的字，造出不同的句子，培养他们创造能力。另外，本册还增加了"木"、"水"、"言"和"手"等的部首字综合讲解，让学生进一步了解字形的由来及字义。

4. 会话练习：每课第二周设计了一段会话。会话的内容和用词均和课文、故事相关连。每段会话标明场景，以红色标出重要词语，让学生在做口语练习时更明白如何使用该词语。

三、讲故事：

本册的故事涵盖了生活、人文和科学知识、节庆、寓言、民间故事、文学名著等多种题材。每个故事配有11幅图，说明文字包括学过的字词，本课的生字和将要学到的生字。说明文字控制在约30个字左右，学过的字词占80%以上。每课故事根据词组和语意，标有浅蓝色线条的音步、轻读、和儿化韵的发音，帮助学生在讲述故事时，做到发音清楚、语调自然。没有中文背景的学生，可先读课本附录中每课故事的英文翻译，了解故事大意之后再学习，可增强学习效果。

教学进度与流程

本册一共十课，每课10页。每课的教学进度可订为三周，每周上课2至4小时。总课时为30周，约60至90小时。在作业本里，每课有18页的作业可配合课堂学习，共计180页作业。作业本里，有一套生字卡，可根据实际教学情况使用。课本里附的CD-Rom光盘涵盖了课文和故事中的主要内容。这种视觉与听觉统一模式可有效帮助教师教学和学生自学或复习。

教学流程，建议如下：

第一周

一、讲故事：

1. 老师先根据本课故事的说明文字用自己的话把故事讲述一遍。

2. 然后出示连环图画的挂图或用电脑在白板上播放CD-Rom中的故事图片，按图片顺序再讲一遍故事。

3. 运用"老师问，小朋友答"中所提供的问题，检查学生对故事的理解程度和口头回答问题的能力。

4. 老师带领学生逐字逐句朗读，遇到本课生字时加以解释。

二、念课文：

老师讲解完课文大意，再依照节律符号带领学生朗读或用电脑逐句播放，让学生跟读，以抑扬顿挫的语调读出课文的情趣和韵味。如有时间，也可以配合课文做语文练习的句子练习，让学生通过造句体会句子的结构及用法。

三、学习生字、词语和句子：

通过听故事和念课文，学生对生字、词语就比较熟悉了。本册每课有13～14个生字，可分两周学习。利用"看图学生字"和"生字写一写"老师依笔顺、部件介绍要学的生字。然后，利用"词语读一读"和"看图说一说"再教词语。每课所附的词语图片能帮助学生对生字词语的理解和运用。接着进行"句子练习"，让学生熟读例句，逐步引导学生依例句造出类似的句子，以培养他们字、词到句的扩展能力。此阶段，老师也可利用CD-Rom进行辅助教学。

四、本周作业

在作业本里，每周作业共有六页，星期一到星期四，每天一页。星期五有两页，一页是语文练习，另一页是故事内容的选择题。老师可利用下课前10分钟，将本周作业内容略作解说。

五、进行前一次课的复习测验。

第二周

一、讲故事：

老师先重述故事内容或播放一遍故事，然后让全班学生在台下分组练习讲故事，每组两人轮流讲故事。老师和值班家长帮助矫正各组学生的发音和语调。10分钟后，每组学生轮流上台讲故事。让学生练习看着挂图或用电脑播放的白板上的图片讲述故事的内容。若学生人数太多，一些小组可安排在下周上台讲述，须让每一个学生都有机会上台练习。学生经过日积月累的训练，开口说汉语就不再是难事了。

二、念课文：

老师带领学生熟读课文，须特别留意学生字词发音和语调的正确。尽量达到能够让学生流利朗读或背诵的程度。

三、学生生字、词语和句子：

老师帮助学生复习上周学过的六七个生字。然后，依部首、笔顺、部件介绍本周的生字。可利用CD-Rom光盘进行辅助教学。

四、本周作业

可按照第一周的教学模式操作。

第三周

一、会话练习：

每一课第二周都有一段会话。每课有让学生做角色扮演来融入会话的情境，增加学生语言表达的能力。

二、复习：

复习前两周所学的故事、课文、生字和生词。用生词练习口语造句。

三、本周作业：

第三周的作业，星期一到星期四是语文练习，每天一页是本周故事的理解填充题，让学生充分练习使用本课和以前学过的字词。星期五有两页，一页是语文练习，另一页是亲子话题作业。请老师下课前用2～3分钟的时间稍加解释，帮助学生了解话题的人文蕴涵。

《美洲华语》教材编写委员会

第一课　课文(1) 王小毛看报纸

有一天，王小毛

拿起一张中文报纸，

他看见许多"一"字，

又看见许多"二"字，

还看见许多"三"字。

忽然，王小毛看

见河川的"川"字，他

想了半天，说道："奇

怪！这个'三'字，怎么

站起来了？"

第一课　课文(2)　写字很有用

原作者：方素珍

máo chóng yòng shù yè
毛虫用树叶，

xiě xìn gěi mǎ2 yǐ
写信给蚂蚁。

yǎo le sān ge dòng
咬了三个洞，

biǎo shì wǒ xiǎng2 nǐ
表示我想你。

mǎ2 yǐ shōu dào xìn
蚂蚁收到信，

kàn le bàn diǎn zhōng
看了半点钟。

yě2 yǎo sān ge dòng
也咬三个洞，

biǎo shì kàn bu dǒng
表示看不懂。

máo chóng hé mǎ2 yǐ
毛虫和蚂蚁，

shāng liang dà shì qíng
商量大事情。

kuài kuài xué xiě zì
快快学写字，

xiě zì hěn2 yǒu yòng
写字很有用。

注：“蚂蚁”为两个三声连读，第一个三声要变调为二声。为了帮助学生读音正确，本书特别在汉语拼音后面加上数字表示读音。

第一课　语文练习　第一周

shēng zì cí yǔ dú yi dú
生字词语读一读

wáng	wén	xǔ	chuān	bàn	zhàn
王	文	许(許)	川	半	站

wáng　wáng xiān sheng　wáng guān
王：王 先 生、 王 冠

wén　zhōng wén　wén zì
文：中 文、 文 字

xǔ　xǔ duō　yě2 xǔ
许：许 多、 也 许

chuān　hé chuān　shān chuān
川：河 川、 山 川

bàn　bàn tiān　yí bàn
半：半 天、 一 半

zhàn　zhàn zhe　chē zhàn
站：站 着、 车 站

你好
Hello
holà
안녕하십니까
文字　｜　王冠　｜　许多　｜　山川
河川　｜　一半　｜　站着　｜　车站

yán　bù de zì　yán zì páng
"言"部 的 字 / 言 字 旁　讠

许　说　诉　请　话　谁

zào jù liàn xí
造 句 练 习

xǔ duō
许 多……

wǒ₂ yǒu xǔ duō hǎo péng you
1. 我 有 许 多 好 朋 友 。

chē zhàn li yǒu₂ xǔ duō rén
2. 车 站 里 有 许 多 人 。

yòu hái
又……还……

zhōng wǔ wǒ chī le yí ge bāo zi   yòu chī le yí ge lǐ zi
1. 中 午 我 吃 了 一 个 包 子 ， 又 吃 了 一 个 李 子 ，
hái hē le yì bēi niú nǎi
还 喝 了 一 杯 牛 奶 。

bàn tiān
半 天……

yǒu₂ yǒu xiě zì   xiě le bàn tiān cái xiě wán
1. 友 友 写 字 ， 写 了 半 天 才 写 完 。

wǒ de shǒu tào diào le   zhǎo le bàn tiān dōu méi zhǎo dào
2. 我 的 手 套 掉 了 ， 找 了 半 天 都 没 找 到 。

第一课　语文练习　第二周

shēng zì cí yǔ dú yi dú
生 字 词 语 读 一 读

xiě	yǎo	biǎo	shì	shōu	diǎn	shì
写(寫)	咬	表	示	收	点(點)	事

xiě　xiě zì　xiě xìn
写：写字、写信

shōu　shōu dào　huí shōu
收：收到、回收

yǎo　yǎo yì kǒu
咬：咬一口

diǎn　wǔ diǎn bàn　diǎn xin
点：五点半、点心

biǎo　biǎo gē　biǎo yǎn
表：表哥、表演

shì　shì qing　gù shi
事：事情、故事

shì　biǎo shì
示：表示

写信	咬一口	五点半	回收
表演	表示OK	吃点心	看故事书

zào jù liàn xí
造句练习

yòng
用……

míng ming yòng máo bǐ xiě zì
1. 明明用毛笔写字。

zhōng zhong yòng diàn nǎo xiě xìn gěi yǒu yǒu
2. 中中用电脑写信给友友。

huì huà liàn xí
会 话 练 习 （友友和爷爷一起念故事书。）

词语练习：表示

yé ye　　zhè ge　　　　fú hào biāo shì shén me
友友：爷 爷！ 这 个 "。" 符 号 表 示 什 么？

zhè shì jù hào　biāo shì yí jù huà xiě wán le
爷爷：这 是 句 号， 表 示 一 句 话 写 完 了 。

yé ye　　zhè ge　　　　fú hào biāo shì shén me
友友：爷 爷！ 这 个 "，" 符 号 表 示 什 么？

zhè shì dòu hào　biāo shì yí jù huà hái méi xiě wán
爷爷：这 是 逗 号， 表 示 一 句 话 还 没 写 完，

xiān tíng yí xià
先 停 一 下 。

yé ye　　zhè ge　　　　fú hào biāo shì shén me
友友：爷 爷！ 这 个 "、" 符 号 表 示 什 么？

zhè shì dùn hào　biāo shì bǎ liǎng ge cí fēn kāi
爷爷：这 是 顿 号， 表 示 把 两 个 词 分 开 。

yé ye　　xiè xie nín gào su wǒ
友友：爷 爷！ 谢 谢 您 告 诉 我 。

qǐng bǎ xià miàn de wén zì jiā shang biāo diǎn fú hào
请 把 下 面 的 文 字 加 上 标 点 符 号：

没 有 玉 米 青 豆 也 很 好

没 有 鱼 肉 也 很 好

每 天 要 有 果 汁 牛 奶

dì yī kè jiǎng gù shi
第一课讲故事：

biāo diǎn fú hào hěn zhòng yào
标点符号很重要

1

shì wáng wén chuān de hǎo péng
John Smith 是王文川的好朋
you　　　　xiǎng qù tái běi xué zhōng wén
友。John 想去台北学中文。
wáng wén chuān shuō　　　　kě2 yǐ zhù zài
王文川说 John 可以住在
tā de nǎi nai jiā
他的奶奶家。

2

wáng nǎi nai hěn huān yíng　　　lái zhù
王奶奶很欢迎 John 来住。
tā xiě xìn wèn　　　　　měi tiān zǎo fàn
她写信问 John，每天早饭
zuì ài chī shén me
最爱吃什么？

3

yòng zhōng wén xiě le yì fēng xìn gěi
John 用中文写了一封信给
wáng nǎi nai　　　tā· gào su wáng nǎi nai
王奶奶。他告诉王奶奶，
tā zǎo fàn cháng chī de dōng xi
他早饭常吃的东西。

John 写的信，上面没有标
点符号。王奶奶收到信
以后，看了半天才看懂。

John 到台北以后就住在
王奶奶家。王奶奶每天
早上只给他喝果汁牛奶。

每天早上，John 的肚子
总是饿得咕噜咕噜叫。
他想，王奶奶也许没有
收到他写的信。

7

tā wèn wáng nǎi nai   wáng nǎi nai shuō
他问王奶奶，王奶奶说：
jiù shì yīn wèi shōu dào nǐ de xìn
"就是因为收到你的信，
wǒ cái měi tiān gěi nǐ hē guǒ zhī niú
我才每天给你喝果汁牛
nǎi ya
奶呀！"

8

wáng nǎi nai bǎ xìn ná chū lai niàn dào
王奶奶把信拿出来念道：
méi yǒu yú ròu yě hěn hǎo   méi yǒu
"没有鱼肉也很好，没有
qīng dòu yù mǐ yě hěn hǎo   měi tiān
青豆玉米也很好，每天
yào yǒu guǒ zhī niú nǎi
要有果汁牛奶。"

9

wáng nǎi nai shuō   kàn le nǐ de xìn
王奶奶说："看了你的信，
cái zhī dao nǐ zǎo fàn bù chī yú ròu
才知道你早饭不吃鱼肉，
yě bù chī shū cài   zhǐ hē guǒ zhī niú
也不吃蔬菜，只喝果汁牛
nǎi
奶。"

10

John 说："不对！不对！
我是说，没有鱼，肉也
很好。没有青豆，玉米也
很好。每天要有果汁、
牛奶。"

11

王奶奶听了哈哈大笑。
John 笑着说："原来标点
符号很重要，我要学会
用标点符号。"

老师问，小朋友回答：

1. John去台北做什么？
2. John平常早饭吃什么？
3. John的肚子为什么咕噜咕噜叫？
4. 王奶奶为什么误会John的意思？
5. 这个故事告诉我们什么很重要？

第二课　　　课文 猴子捞月
　　　　　　　　hóu zi lāo yuè

zhōng qiū jié　　wǎn shang　xǔ　hóu　zi
中 秋 节 的 晚 上 ， 许 多 猴 子

zài jǐng biān wánr　　　　zhī hóu
在 井 边 玩 儿 ， 有 一 只 猴 子 看 见

jǐng2 lǐ miàn　　yuè liang　tā xià de dà jiào
井 里 面 有 个 月 亮 ， 他 吓 得 大 叫：

　hǎo　　　liang diào jìn jǐng2 li　　wǒ
"不 好 了！ 月 亮 掉 进 井 里 了！ 我

men kuài bǎ　　liang lāo qi　ba
们 快 把 月 亮 捞 起 来 吧！"

　yú shì　　hóu　men
于 是， 猴 子 们

zhī lā zhe　　zhī chuí dào
一 只 拉 着 一 只 垂 到

jǐng2 li　　zuì xià miàn de nà
井 里。 最 下 面 的 那

zhī hóu　　gāng bǎ shǒu fàng jìn
只 猴 子 刚 把 手 放 进

shuǐ2　　liang jiù
水 里， 月 亮 就 不 见 了。

他又大叫："好了！月亮不在井里了！"

于是，猴子们都爬了上来。这时候，

有一只猴子抬头看见月亮在天上，就

说："好了！好了！月亮回到天上啦！我

们把月亮捞起来了！"

大家高兴地拍手说：

"好了！好了！我们把月亮捞起来了！"

小朋友！月亮

真的掉进井里了吗？

这是怎么一回事儿？

第二课　语文练习　第一周

shēng zì cí yǔ dú yi dú
生字词语读一读

qiū	wǎn	jǐng	zhī	miàn	liàng	diào
秋	晚	井	只(隻)	面	亮	掉

qiū　qiū tiān　zhōng qiū jié
秋：秋天、中秋节

miàn　miàn jù　lǐ miàn
面：面具、里面

wǎn　wǎn shang　wǎn ān
晚：晚上、晚安

liàng　yuè liang　piào liang
亮：月亮、漂亮

jǐng　jǐng shuǐ　yì kǒu jǐng
井：井水、一口井

diào　diào xia lai　cā diào
掉：掉下来、擦掉

zhī　liǎng zhī niǎo
只：两只鸟

秋天　　晚上　　晚安　　两只鸟
漂亮　　面具　　擦掉　　掉下来

shǒu bù de zì / tí shǒu páng
"手"部的字／提手旁

才

把　抬　找　拉　掉　拍　擦

zào jù liàn xí
造 句 练 习

jiù
……… 就 ………

wǒ gāng bǎ mén lā kāi　　xiǎo2 gǒu jiù pǎo jin lai le
1. 我 刚 把 门 拉 开 ， 小 狗 就 跑 进 来 了 。

wǒ yí shàng chē jiù ná chū zhōng wén zì kǎ lái niàn
2. 我 一 上 车 就 拿 出 中 文 字 卡 来 念 。

jīn tiān hái bú dào liǎn2 diǎn bàn　　wǒ men jiù fàng xué le
3. 今 天 还 不 到 两 点 半 ， 我 们 就 放 学 了 。

fǎn yì cí
反 义 词

qián miàn　　hòu miàn　　　　shàng miàn　　xià miàn
前 面 ⟷ 后 面　　　　上 面 ⟷ 下 面

lǐ miàn　　wài miàn
里 面 ⟷ 外 面

qǐng yòng shàng miàn fǎn yì cí kàn tú shuō shuo kàn
请 用 上 面 反 义 词 看 图 说 说 看

里面

外面

上面

前面　　后面

下面

第二课　语文练习　第二周

sheng zi cí yǔ dú yi dú
生字词语读一读

lā	zuì	fàng	tái	tóu	xìng
拉	最	放	抬	头(頭)	兴(興)

lā　lā kāi　lā dù zi
拉：拉开、拉肚子

tái　tái tóu　tái qi lai
抬：抬头、抬起来

zuì　zuì hǎo　zuì hòu
最：最好、最后

tóu　tóu tòng　tóu fa
头：头痛、头发

fàng　fàng xué　fàng jìn qu
放：放学、放进去

xìng　xìng qù　gāo xìng
兴：兴趣、高兴

把门拉开	抬头看	抬起来	表示最好
头痛	剪头发	放学	高兴

zào jù liàn xí
造句练习

bǎ　　fàng
把……放……

qǐng2 nǐ bǎ zhè běn shū fàng zài shū zhuō shang
1. 请你把这本书放在书桌上。

qǐng2 nǐ bǎ niú nǎi fàng jìn bīng xiāng li
2. 请你把牛奶放进冰箱里。

zuì
最……

1. 我 最 爱 喝 牛 奶 ， 妈 妈 最 爱 喝 果 汁 。
   wǒ zuì ài hē niú nǎi mā ma zuì ài hē guǒ zhī

2. 我 们 三 个 人 都 喜 欢 运 动 ， 中 中 跑 得
   wǒ men sān ge rén dōu xǐ huan yùn dòng zhōng zhong pǎo de

   最 快 ， 明 明 跳 得 最 高 ， 我 游 得 最 远 。
   zuì kuài míng ming tiào de zuì gāo wǒ yóu de zuì yuǎn

huì huà liàn xí
会 话 练 习 （明明和老师在教室。）

词语练习：很、最

明明：老师！中 秋 节 是 哪 一 天 ？
lǎo shī zhōng qiū jié shì nǎ yì tiān

老师：是 中 国 农 历 八 月 十 五 日 。
shì zhōng guó nóng lì bā yuè shí wǔ rì

明明：每 年 只 有 这 一 天 ， 月 亮 最 圆 吗？
měi nián zhǐ₂ yǒu zhè yì tiān yuè liang zuì yuán ma

老师：不 是 ！ 每 个 月 的 农 历 十 五 日 ，
bú shì měi ge yuè de nóng lì shí wǔ rì

月 亮 都 很 圆 。
yuè liang dōu hěn yuán

dì èr kè jiǎng gù shi
第二课讲故事：

cháng é de gù shi
嫦娥的故事

zhōng qiū jié de wǎn shang　míng míng quán
中秋节的晚上，明明全
jiā zuò zài yuàn zi li kàn yuè liang
家坐在院子里看月亮、
chī yuè bǐng　　nǎi nai shuō le yí ge
吃月饼。奶奶说了一个
zhōng qiū jié de shén huà gù shi
中秋节的神话故事。

hěn jiǔ yǐ qián　　yǒu yì nián　　tiān
很久以前，有一年，天
shang chū xiàn shí ge tài yáng　tài yáng
上出现十个太阳，太阳
bǎ huā cǎo shù mù shài sǐ le　　rén
把花草树木晒死了，人
men è de huó bu xià qù le
们饿得活不下去了。

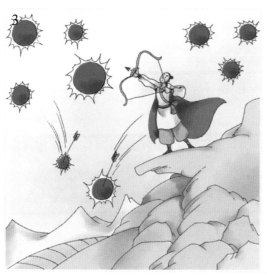

nà shí hou　　yǒu yí ge rén jiào hòu
那时候，有一个人叫后
yì　　tā de lì qi hěn dà　　tā
羿，他的力气很大，他
zhàn zài gāo shān shang　　lā kāi dà gōng
站在高山上，拉开大弓，
shè diào le jiǔ ge tài yáng
射掉了九个太阳。

4

最后，天上只剩下一个
太阳。天气正常了，人
们很高兴，就推后羿做
国王。可是……

5

后羿天天吃喝玩乐，还
到处找长生不老的药。
他的太太嫦娥劝他做个
好国王，他不听。

仙人送来两颗长生不老
的药。他说："要在八
月十五日晚上吃，只能
吃一颗，如果多吃了，
就会飞到月亮上去了。"

7

hòu yì bǎ yào fàng zài hé zi li
后羿把药放在盒子里。
cháng é xīn xiǎng hù néng ràng hòu yì
嫦娥心想，不能让后羿
yǒng2 yuǎn dāng guó wáng yú shì tā
永远当国王。于是，她
bǎ liǎng kē yào dōu chī le
把两颗药都吃了。

8

cháng é fēi zǒu le hòu yì hěn shāng
嫦娥飞走了，后羿很伤
xīn tā bù míng bai cháng é wèi shén
心。他不明白嫦娥为什
me yào lí kāi tā hòu lái tā
么要离开他。后来，他
xiǎng2 qi cháng é quàn tā de huà
想起嫦娥劝他的话。

9

hòu yì kāi shǐ nǔ lì gōng zuò bù
后羿开始努力工作。不
jiǔ hòu yì biàn chéng yí ge hěn2 hǎo
久，后羿变成一个很好
de guó wáng kě shì cháng é zài
的国王。可是，嫦娥在
yuè liang shang zài yě huí bu lái le
月亮上，再也回不来了。

月亮里有一棵大树，嫦娥常常坐在树下，旁边有一口井，还有一只玉兔陪着她呢！

大家抬头看月亮。明明问："这个故事是真的吗？"奶奶笑了，没有回答。

老师问，小朋友回答：

1. 后羿射掉了几个太阳？
2. 仙人送的药要在什么时候吃？
3. 嫦娥吃了药以后就飞到哪里去了？
4. 后羿看见嫦娥飞走了，他想起来什么？
5. 后羿后来怎么了？

第三课　　课文(1)　种鱼
（zhòng yú）

王老公公把豆子种在土里，
（wáng lǎo gōng gong）（dòu）（zhòng）（tǔ2）

过了不久，他收成了许多豆子。
（guò）（jiǔ）（shōu chéng）（xǔ）（dòu）

王老奶奶把玉米种在土里，
（wáng lǎo nǎi nai）（yù mǐ zhòng）（tǔ2）

过了不久，她收成了许多玉米。
（guò）（tā shōu chéng）（yù）

小猫看见了，
（māo）

就把小鱼种在土里，
（jiù）（yú zhòng）

小猫等了
（māo děng）

好久好久——

奇怪！
（qí guài）

怎么没有小鱼长出来呢？
（zěn me méi）（zhǎng chū）（ne）

21

第三课　　课文(2)　房子后面有块地
fáng zi hòu miàn yǒu kuài dì

房子后面有块地，大家说要种东西。
fáng hòu miàn kuài dì jiā yào zhòng dōng xi

大哥说种南瓜，
gē zhòng nán guā

二哥说种黄瓜，
gē zhòng huáng guā

三哥说种西瓜，
gē zhòng xī guā

四哥说种哈密瓜。
gē zhòng hā mì guā

年年月月、
nián nián

说来说去，

直到现在，
zhí dào xiàn

房子后面
fáng hòu miàn

还是一块空地。
hái yí kuài kòng dì

第三课 语文练习 第一周

shēng zì cí yǔ dú yi dú
生字词语读一读

gōng	dòu	zhòng	chéng	yù	děng
公	豆	种(種)	成	玉	等

gōng　　lǎo gōng gong　　gōng yuán
公：老 公 公 、 公 园

chéng　　shōu chéng　　chéng gōng
成：收 成 、 成 功

dòu　　huáng dòu　　dòu fu
豆：黄 豆 、 豆 腐

yù　　yù mǐ　　yù zhuó
玉：玉 米 、 玉 镯

zhòng　　zhòng huā　　zhǒng zi
种：种 花 、 种 子

děng　　děng yi xià　　děng yú
等：等 一 下 、 等 于

公园　　豆腐　　玉米　　种花
玉镯　　等于　　收成　　成功

zào jù liàn xí
造句练习

děng
等……

děng yi xià　　wǒ mǎ shàng jiù lái
1. 等 一 下 ！我 马 上 就 来 。

bú yào jí　　wǒ huì děng nǐ
2. 不 要 急 ！我 会 等 你 。

děng yú
等于

1. 12 + 13 = 25

shí èr jiā shí sān děng yú èr shí wǔ
十 二 加 十 三 等 于 二 十 五 。

duō yīn zì liàn xí
多 音 字 练 习

zhòng zhòng huā
种 种花

种

zhǒng zhǒng zi
种 种子

kòng kòng dì
空 空地

空

kōng tiān kōng
空 天空

huán huán shū
还 还书

还

hái hái yǒu
还 还有

dū shǒu dū
都 首都

都

dōu dōu shì
都 都是

jù zi kuò zhǎn liàn xí
句 子 扩 展 练 习

wǒ₂ bǎ zhǒng zi zhòng zài tǔ₂ lǐ
1. 我 把 种 子 种 在 土 里 。

wǒ₂ bǎ nán guā zhǒng zi zhòng zài tǔ₂ lǐ
2. 我 把 南 瓜 种 子 种 在 土 里 。

wǒ₂ bǎ nán guā zhǒng zi zhòng zài hòu yuàn de tǔ₂ lǐ
3. 我 把 南 瓜 种 子 种 在 后 院 的 土 里 。

第课　语文练习　第二周

shēng zì cí yǔ dú yi dú
生字词语读一读

dōng	xī	guā	nán	zhí	xiàn	kòng
东(東)	西	瓜	南	直	现(現)	空

dōng　　dōng xi　　dōng fāng
东：东西、东方

zhí　　yì zhí　　zhí xiàn
直：一直、直线

xī　　xī fāng　　xī zhuāng
西：西方、西装

xiàn　　xiàn zài　　xiàn jīn
现：现在、现金

guā　　hā mì guā　　shǎ guā
瓜：哈密瓜、傻瓜

kòng　　kòng wèi　　tài kōng rén
空：空位、太空人

nán　　nán guā　　nán jí
南：南瓜、南极

这是什么东西？　西装　哈密瓜　一直向前走

直线　现金　空位　太空人

zào jù liàn xí
造句练习

lái　　　qù
……来……去

wǒ men bú yào zài jiào shì li pǎo lái pǎo qù
1. 我们不要在教室里跑来跑去。

xiǎo yú zài shuǐ li yóu lái yóu qù
2. 小鱼在水里游来游去。

yì zhí
一直……

tā yì zhí wánr dào xiàn zài cái huí jiā
1. 他一直玩儿到现在才回家。

nǐ yì zhí wǎng qián zǒu　　guò le nà piàn kòng dì jiù shì xué xiào
2. 你一直往前走，过了那片空地就是学校。

zhè jǐ tiān yì zhí zài xià yǔ
3. 这几天一直在下雨。

huì huà liàn xí
会话练习（中中和妈妈在厨房谈天）

词语练习：种子、种

mā ma　　nǐ zài zuò shén me
中中：妈妈！你在做什么？

wǒ zài zuò nán guā bǐng
妈妈：我在做南瓜饼。

wǒ2 xiǎng bǎ nán guā zhǒng zi shōu qi lai　　děng míng nián
中中：我想把南瓜种子收起来，等明年

zài zhòng　　hǎo ma
再种，好吗？

hǎo a　　míng nián wǒ men yòu yǒu nán guā chī le
妈妈：好啊！明年我们又有南瓜吃了！

yì kē zhǒng zi jiù néng zhǎng chū xǔ duō nán guā
中中：一颗种子就能长出许多南瓜，

hǎo qí miào a
好奇妙啊！

shì a　　dà zì rán jiù shì zhè me qí miào
妈妈：是啊！大自然就是这么奇妙！

第三课讲故事： 南瓜灯笼

dì sān kè jiǎng gù shi ／ nán guā dēng long

去年的万圣节，中中用
南瓜做了一个灯笼，邻
居们都说，中中家的南
瓜灯笼最好看！

过了两星期，下了一场
大雨，南瓜灯笼有点儿
坏了，爸爸把它放到后
院墙边的空地上。

又过了几天，南瓜灯笼
的表面，长了一层白白、
毛毛的东西。

4

dōng tiān dào le　　xià le jǐ chǎng dà
冬 天 到 了 ， 下 了 几 场 大
xuě　　hòu hòu de bái xuě bǎ nán guā
雪 ， 厚 厚 的 白 雪 把 南 瓜
dēng long wán quán gài zhù le
灯 笼 完 全 盖 住 了 。

5

yì zhí děng dào chūn tiān lái le　　xuě
一 直 等 到 春 天 来 了 ， 雪
cái róng huà　　zhōng zhong fā xiàn nán guā
才 融 化 。 中 中 发 现 南 瓜
dēng long bú jiàn le　　dì shang yǒu sān
灯 笼 不 见 了 ， 地 上 有 三
kē nán guā de zhǒng zi *
颗 南 瓜 的 种 子 。

6

zhōng zhong bǎ zhǒng zi mái zài tǔ lǐ
中 中 把 种 子 埋 在 土 里 。
guò le bù jiǔ　　dì shang zhǎng chū sān
过 了 不 久 ， 地 上 长 出 三
kē xiǎo yá　　zhōng zhong hěn gāo xìng
棵 小 芽 。 中 中 很 高 兴 ，
tā měi tiān dōu qù jiāo shuǐ
他 每 天 都 去 浇 水 。

＊注：地上留下三颗南瓜种子，是因为中中做
　　南瓜灯笼时，没有把种子挖干净。

7

<ruby>不<rt>bù</rt></ruby><ruby>久<rt>jiǔ</rt></ruby>，<ruby>小<rt>xiǎo</rt></ruby><ruby>芽<rt>yá</rt></ruby><ruby>长<rt>zhǎng</rt></ruby><ruby>出<rt>chū</rt></ruby><ruby>许<rt>xǔ</rt></ruby><ruby>多<rt>duō</rt></ruby><ruby>叶<rt>yè</rt></ruby><ruby>子<rt>zi</rt></ruby>。<ruby>夏<rt>xià</rt></ruby><ruby>天<rt>tiān</rt></ruby><ruby>到<rt>dào</rt></ruby><ruby>了<rt>le</rt></ruby>，<ruby>开<rt>kāi</rt></ruby><ruby>了<rt>le</rt></ruby><ruby>许<rt>xǔ</rt></ruby><ruby>多<rt>duō</rt></ruby><ruby>黄<rt>huáng</rt></ruby><ruby>色<rt>sè</rt></ruby><ruby>的<rt>de</rt></ruby><ruby>花<rt>huā</rt></ruby>，<ruby>有<rt>yǒu</rt></ruby><ruby>公<rt>gōng</rt></ruby><ruby>花<rt>huā</rt></ruby><ruby>也<rt>yě2</rt></ruby><ruby>有<rt>yǒu</rt></ruby><ruby>母<rt>mǔ</rt></ruby><ruby>花<rt>huā</rt></ruby>。

8

<ruby>母<rt>mǔ</rt></ruby><ruby>花<rt>huā</rt></ruby><ruby>谢<rt>xiè</rt></ruby><ruby>了<rt>le</rt></ruby>，<ruby>结<rt>jiē</rt></ruby><ruby>了<rt>le</rt></ruby><ruby>许<rt>xǔ</rt></ruby><ruby>多<rt>duō</rt></ruby><ruby>小<rt>xiǎo</rt></ruby><ruby>瓜<rt>guā</rt></ruby>。<ruby>中<rt>zhōng</rt></ruby><ruby>中<rt>zhong</rt></ruby><ruby>想<rt>xiǎng</rt></ruby>："<ruby>奇<rt>qí</rt></ruby><ruby>怪<rt>guài</rt></ruby>！<ruby>这<rt>zhè</rt></ruby><ruby>些<rt>xiē</rt></ruby><ruby>南<rt>nán</rt></ruby><ruby>瓜<rt>guā</rt></ruby><ruby>怎<rt>zěn</rt></ruby><ruby>么<rt>me</rt></ruby><ruby>是<rt>shì</rt></ruby><ruby>绿<rt>lǜ</rt></ruby><ruby>色<rt>sè</rt></ruby><ruby>的<rt>de</rt></ruby><ruby>呢<rt>ne</rt></ruby>？"

9

<ruby>秋<rt>qiū</rt></ruby><ruby>天<rt>tiān</rt></ruby><ruby>到<rt>dào</rt></ruby><ruby>了<rt>le</rt></ruby>，<ruby>晚<rt>wǎn</rt></ruby><ruby>上<rt>shang</rt></ruby><ruby>很<rt>hěn2</rt></ruby><ruby>冷<rt>lěng</rt></ruby>，<ruby>每<rt>měi</rt></ruby><ruby>天<rt>tiān</rt></ruby><ruby>早<rt>zǎo</rt></ruby><ruby>上<rt>shang</rt></ruby>，<ruby>南<rt>nán</rt></ruby><ruby>瓜<rt>guā</rt></ruby><ruby>的<rt>de</rt></ruby><ruby>表<rt>biǎo</rt></ruby><ruby>面<rt>miàn</rt></ruby><ruby>都<rt>dōu</rt></ruby><ruby>有<rt>yǒu</rt></ruby><ruby>一<rt>yì</rt></ruby><ruby>层<rt>céng</rt></ruby><ruby>白<rt>bái</rt></ruby><ruby>色<rt>sè</rt></ruby><ruby>的<rt>de</rt></ruby><ruby>霜<rt>shuāng</rt></ruby>。

10

yǒu yì tiān zhōng zhong fā xiàn nán
有一天，中中发现，南

guā quán dōu biàn chéng jīn huáng sè le
瓜全都变成金黄色了！

mā ma shuō nán guā chéng shú le
妈妈说："南瓜成熟了，

xiàn zài kě yǐ shōu chéng le
现在可以收成了。"

11

jīn nián de wàn shèng jié zhōng zhong yòng
今年的万圣节，中中用

yuàn zi li de nán guā zuò le yí ge
院子里的南瓜做了一个

dēng long tā qīng qīng de pāi zhe nán
灯笼。他轻轻地拍着南

guā shuō huān yíng nǐ huí lai le
瓜说："欢迎你回来了！"

老师问，小朋友回答：

1. 春天来了，南瓜灯笼到哪里去了？

2. 为什么地上有三颗种子？

3. 南瓜开哪两种花？

4. 南瓜成熟以前是什么颜色？

5. 中中为什么对南瓜说："欢迎你回来了"？

第四课　课文 海洋里的世界

星期天，爸爸带中中去夏威夷的海边潜水。这是中中第一次潜水，他非常兴奋。

中中和爸爸戴上潜水面具，在清亮的海水里，他们看见许多热带鱼。

他们还看见石头边上的海马、海星、小虾等许多海底小动物。

中中想："海洋里的世界真美妙啊！"

中中正玩儿得高兴，忽然，

一群小鱼游过来咬他的屁股，

中中吓得马上游回岸上。

原来，中中的口袋里面有

食物，他下水之前，忘了拿出

来。

第(四)课　语文练习　第一周

shēng zì cí yǔ dú yi dú
生字词语读一读

qī	biān	fēi	cháng	jù	dòng	wù
期	边(邊)	非	常	具	动(動)	物

qī　rì qī　xīng qī
期：日期、星期

jù　jiā jù　gōng jù
具：家具、工具

biān　hǎi biān　běi biān
边：海边、北边

dòng　yùn dòng　dòng wù yuán
动：运动、动物园

fēi　fēi cháng　fēi zhōu
非：非常、非洲

wù　lǐ wù　shēng wù
物：礼物、生物

cháng　cháng cháng　shí cháng
常：常常、时常

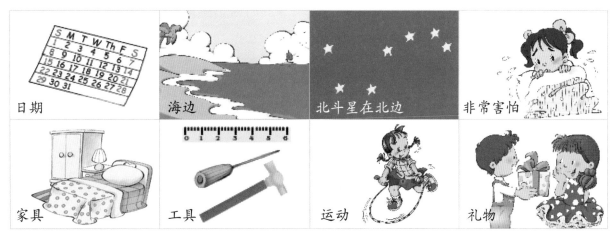

日期　海边　北斗星在北边　非常害怕

家具　工具　运动　礼物

zào jù liàn xí
造句练习

děng
……等

hǎi₂ li yǒu hǎi₂ cǎo　　hǎi xīng　hǎi₂ mǎ děng xiǎo shēng wù
1. 海里有海草、海星、海马等小生物。

bīng xiāng li yǒu niú nǎi　shuǐ₂ guǒ　qīng cài děng shí wù
2. 冰箱里有牛奶、水果、青菜等食物。

cháng cháng　mĕi tiān
常常 ＜每天

xiǎo wén cháng cháng yùn dòng
1. 小 文 常 常 运 动 。

xiǎo wén mĕi tiān yùn dòng
2. 小 文 每 天 运 动 。

hǎo　　hĕn2 hǎo　　fēi cháng hǎo
好 ＜很好 ＜非常好

zhè ge xī guā hǎo chī
1. 这 个 西 瓜 好 吃 。

zhè ge xī guā hĕn2 hǎo chī
2. 这 个 西 瓜 很 好 吃 。

zhè ge xī guā fēi cháng hǎo chī
3. 这 个 西 瓜 非 常 好 吃 。

nián　　yuè　　rì　　xīng qī
__年__月__日，星期__

jīn tiān shì　　nián　　yuè　　rì　　xīng qī
1. 今 天 是 __ 年 __ 月 __ 日 ， 星 期 __ 。

míng tiān shì　　nián　　yuè　　rì　　xīng qī
2. 明 天 是 __ 年 __ 月 __ 日 ， 星 期 __ 。

hòu tiān shì　　nián　　yuè　　rì　　xīng qī
3. 后 天 是 __ 年 __ 月 __ 日 ， 星 期 __ 。

注："＜"表示频率和程度的大小。

第四课　语文练习　第二周

shēng zì cí yǔ dú yi dú
生字词语读一读

| yáng
洋 | shì
世 | jiè
界 | měi
美 | yuán
原 | shí
食 | wàng
忘 |

yáng　hǎi yáng
洋：海洋

shì　shì jiè　shì jì
世：世界、世纪

jiè　jiè xiàn　biān jiè
界：界线、边界

měi　měi guó　měi shù
美：美国、美术

yuán　yuán lái　yuán liàng
原：原来、原谅

shí　shí wù　shí pǔ
食：食物、食谱

wàng　wàng jì
忘：忘记

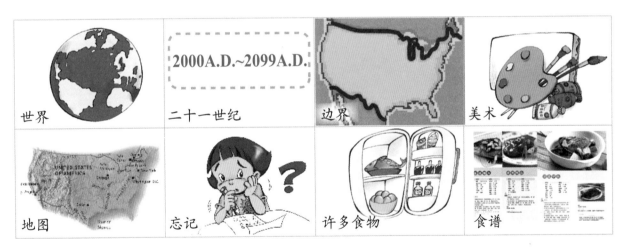

世界　二十一世纪　边界　美术

地图　忘记　许多食物　食谱

zào jù liàn xí
造句练习

yuán lái
原来……

xiǎo gǒu yì zhí jiào　yuán lái　tā dù zi è le
1. 小狗一直叫，原来，它肚子饿了。

xiǎo dì di yì zhí kū　yuán lái　tā de wán jù diū le
2. 小弟弟一直哭，原来，他的玩具丢了。

yì biān   yì biān
一边……一边……

mèi mei yì biān chàng gē yì biān tiào wǔ
1. 妹妹一边唱歌一边跳舞。

jiě jie yì biān kàn diàn shì yì biān yùn dòng
2. 姐姐一边看电视一边运动。

mā ma shuō bù kě₂ yǐ yì biān chī fàn yì biān shuō huà
3. 妈妈说不可以一边吃饭一边说话。

huì huà liàn xí
会话练习（明明、友友、中中在谈天。）

词语练习：动物、草食动物、肉食动物

nǐ men zhī dao shén me shì cǎo shí dòng wù ma
明明：你们知道什么是草食动物吗？

bù chī ròu de dòng wù jiù shì cǎo shí dòng wù
友友：不吃肉的动物就是草食动物。

mǎ niú yáng dōu shì cǎo shí dòng wù
中中：马、牛、羊都是草食动物。

lǎo₂ hǔ shì shén me dòng wù
明明：老虎是什么动物？

lǎo₂ hǔ chī ròu suǒ₂ yǐ tā shì ròu shí dòng wù
友友：老虎吃肉，所以它是肉食动物。

第四课讲故事： 西游记之二 —— 金箍棒

美猴王离开花果山以后，他找到世界上最有本事的仙人当老师。仙人给他取名叫孙悟空。

三年以后，孙悟空学会了七十二变和驾云的本领，他非常想家，他就驾着筋斗云飞回花果山。

这时候，有一群妖怪没有食物吃，他们就跑到花果山抓猴子吃，孙悟空正好回来把妖怪打跑。

孙悟空回来以后，天天带着猴子们练习武功。有一天，孙悟空的大刀坏了。

孙悟空知道海洋里的东海龙王有许多大刀，于是，孙悟空去找东海龙王借大刀。

东海龙王叫乌龟抬出几把大刀。

孙悟空看了一眼说："不行！太轻了！像玩具一样！"

dōng hǎi lóng wáng yòu jiào wū guī tái chū
东海龙王又叫乌龟抬出
zuì zhòng de dà dāo   sūn wù kōng shuō
最重的大刀，孙悟空说：
hā   yuán lái hǎi dǐ de dà dāo
"哈！原来海底的大刀
dōu xiàng wán jù yí yàng qīng
都像玩具一样轻！"

dōng hǎi lóng wáng hěn bu gāo xìng   tā
东海龙王很不高兴，他
shuō   hng   hǎi dǐ de jīn gū
说："哼！海底的金箍
bàng shéi dōu ná bu dòng   rú guǒ
棒，谁都拿不动。如果
nǐ ná de dòng   wǒ jiù sòng gěi
你拿得动，我就送给
nǐ
你。"

sūn wù kōng zhàn zài jīn gū bàng de miàn
孙悟空站在金箍棒的面
qián   tā yì biān kàn yì biān shuō
前，他一边看一边说：
ài   jiù shì tài dà le   rú
"唉！就是太大了，如
guǒ xiǎo yì diǎnr jiù hǎo le
果小一点儿就好了。"

39

10

孙悟空刚说完，金箍棒
就变小了。他又说："小！
小！小！"。金箍棒变
得比针还小。

11

孙悟空把它放进耳朵里。
他非常感谢东海龙王，
可是东海龙王反悔了，
他要想办法把金箍棒抢
回来。

老师问，小朋友回答：

1. 仙人给美猴王取什么名字？
2. 孙悟空学会什么本领？
3. 妖怪去花果山做什么？
4. 孙悟空向谁借大刀？
5. 孙悟空从海里拿回来什么东西？

课文 送给外婆一条丝巾
sòng gěi wài pó yì tiáo sī jīn

还有两个星期，外婆
hái liǎng qī wài pó

就要从台北来美国了。
yào cóng tái běi měi guó

外婆在电话里告诉我，
wài pó diàn huà gào su

她给我买了一件大衣，
tā gěi2 mǎi jiàn yī

还给我买了一本《西游记》，
hái mǎi běn xī yóu jì

我听了非常高兴。
tīng fēi cháng gāo xìng

今天下午，我买了一条丝巾，

要送给外婆。这条丝巾是米色的，

上面有许多金黄色和红色的小花，

非常好看。

我还买了一张卡片，我在卡

片上写：

外婆
　您是世界上最好的
　外婆，我爱您！
　　　　青青敬上
　　　　十二月一日

我想，外婆看了一定很高兴。

第（五）课　　语文练习　　第一周

_{shēng zì cí yǔ dú yi dú}
生 字 词 语 读 一 读

| _{tái} 台 | _{běi} 北 | _{guó} 国(國) | _{diàn} 电(電) | _{piàn} 片 | _{yī} 衣 | _{jì} 记(記) |

_{tái　　tái běi　　tái shang}
台：台 北、台 上

_{běi　　běi fāng　　běi jí xióng}
北：北 方、北 极 熊

_{guó　　guó qí　　guó jiā}
国：国 旗、国 家

_{diàn　　diàn shì　　diàn nǎo}
电：电 视、电 脑

_{piàn　　kǎ piàn　　xiàng piàn}
片：卡 片、相 片

_{yī　　yī fu　　yǔ yī}
衣：衣 服、雨 衣

_{jì　　rì jì　　jì de}
记：日 记、记 得

| 美国国旗 | 北极熊 | 美国是一个国家 | 电视 |
| 电脑 | 相片 | 雨衣 | 日记 |

_{zào jù liàn xí}
造 句 练 习

_{hái　　　jiù}
……还……就……

_{hái yǒu liǎng ge xīng qī　　wài pó jiù yào lái le}
1. 还 有 两 个 星 期，外 婆 就 要 来 了。

_{tiān hái méi liàng　　mā ma jiù qǐ lai le}
2. 天 还 没 亮，妈 妈 就 起 来 了。

dān wèi liàng cí niàn yi niàn
单位量词念一念：

yì duǒ yún
一朵云

yì bǎ jiǎn dāo
一把剪刀

yì zhǒng shuǐ guǒ
一种水果

yì tái diàn nǎo
一台电脑

yì bāo huā shēng
一包花生

yí piàn xī guā
一片西瓜

yì běn shū
一本书

yì zhī xióng māo
一只熊猫

yì tóu niú
一头牛

rèn shi fāng xiàng
认识方向

第五课　语文练习　第二周

shēng zì cí yǔ dú yi dú
生字词语读一读

jīn	sī	jīn	jīn	sè	mǎi	dìng
今	丝(絲)	金	巾	色	买(買)	定

jīn　jīn tiān　jīn nián
今：今天、今年

sè　jīn sè　cǎi sè bǐ
色：金色、彩色笔

sī　sī lù　ròu sī chǎo fàn
丝：丝路、肉丝炒饭

mǎi　mǎi dōng xi　mǎi cài
买：买东西、买菜

jīn　wéi jīn　máo jīn
巾：围巾、毛巾

dìng　yí dìng　jué dìng
定：一定、决定

jīn　jīn yú　jīn pái
金：金鱼、金牌

丝路　围巾　毛巾　金鱼

金牌　彩色笔　买菜　我一定要赢

zào jù liàn xí
造句练习

yí dìng
……一定……

chī fàn qián yí dìng yào xǐ shǒu
1. 吃饭前一定要洗手。

míng tiān nǐ yí dìng yào lái
2. 明天你一定要来。

huì huà liàn xí
会 话 练 习 （青青手里拿着《西游记》和外婆、妈妈谈天）
词语练习：买、买不到、买得到、没买到

青青： xī yóu jì zhēn hǎo kàn wǒ yì zhí xiǎng₂ mǎi zhè
《西游记》真好看，我一直想买这

běn shū dōu méi mǎi dào
本书都没买到。

外婆： zài měi guó mǎi bu dào xī yóu jì ma
在美国买不到《西游记》吗？

妈妈： mǎi de dào yīng wén bǎn de xī yóu jì
买得到英文版的《西游记》。

外婆： qīng qing hái xiǎng kàn shé me gù shi shū wǒ huí qù
青青还想看什么故事书，我回去

duō mǎi jǐ₂ běn xià cì dài lai
多买几本，下次带来。

青青： xiè xie wài pó
谢谢外婆！

rèn shi kǎ piàn de xiě₂ fǎ
认 识 卡 片 的 写 法

zhè shì qīng qing xiě₂ gěi mā ma de kǎ piàn
这是青青写给妈妈的卡片。

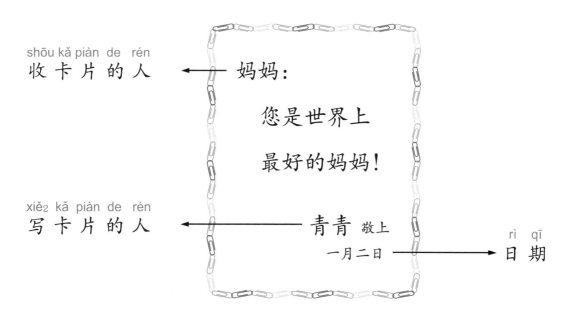

shōu kǎ piàn de rén
收卡片的人 ← 妈妈：

您是世界上

最好的妈妈！

xiě₂ kǎ piàn de rén
写卡片的人 ← 青青 敬上

rì qī
一月二日 → 日 期

46

第五课讲故事：
dì wǔ kè jiǎng gù shi

蚕丝的故事
cán sī de gù shi

1

青青说："妈妈！这是我
qīng qing shuō   mā ma   zhè shì wǒ

从学校带回来的 silkworm。"
cóng xué xiào dài huí lai de

妈妈说："蚕宝宝！好
mā ma shuō   cán bǎo bao   hǎo2

可爱啊！"
kě ài a

2

蚕宝宝每天都要吃好几
cán bǎo bao měi tiān dōu yào chī hǎo2 jǐ

片桑叶，青青每天写笔
piàn sāng yè   qīng qing měi tiān xiě2 bǐ

记，把蚕宝宝生长的情
jì   bǎ cán bǎo bao shēng zhǎng de qíng

形记下来。
xíng jì xia lai

3

过了两星期，蚕宝宝吐
guò le liǎng xīng qī   cán bǎo bao tǔ

出白色的丝把自己包起
chū bái sè de sī bǎ zì jǐ bāo qi

来，做成一个"茧"。
lai   zuò chéng yí ge   jiǎn

4

青青说：“今天老师告诉我们，蚕丝可以做成布料，她的丝巾就是蚕丝做的。”

5

妈妈说：“用蚕丝做衣服，是五千年前中国人发明的。我说个故事给你听。”

6

有一天，黄帝的太太嫘祖在桑树下喝茶。有个蚕茧掉进她的杯子里。

7

<ruby>嫘<rt>léi</rt></ruby><ruby>祖<rt>zǔ</rt></ruby><ruby>把<rt>bǎ</rt></ruby><ruby>蚕<rt>cán</rt></ruby><ruby>茧<rt>jiǎn</rt></ruby><ruby>拿<rt>ná</rt></ruby><ruby>出<rt>chu</rt></ruby><ruby>来<rt>lai</rt></ruby><ruby>的<rt>de</rt></ruby><ruby>时<rt>shí</rt></ruby><ruby>候<rt>hou</rt></ruby>，<ruby>她<rt>tā</rt></ruby><ruby>看<rt>kàn</rt></ruby><ruby>见<rt>jian</rt></ruby><ruby>一<rt>yì</rt></ruby><ruby>根<rt>gēn</rt></ruby><ruby>又<rt>yòu</rt></ruby><ruby>亮<rt>liàng</rt></ruby><ruby>又<rt>yòu</rt></ruby><ruby>软<rt>ruǎn</rt></ruby><ruby>的<rt>de</rt></ruby><ruby>丝<rt>sī</rt></ruby>。

8

<ruby>嫘<rt>léi</rt></ruby><ruby>祖<rt>zǔ2</rt></ruby><ruby>想<rt>xiǎng</rt></ruby>，<ruby>如<rt>rú</rt></ruby><ruby>果<rt>guǒ</rt></ruby><ruby>用<rt>yòng</rt></ruby><ruby>这<rt>zhè</rt></ruby><ruby>种<rt>zhǒng</rt></ruby><ruby>丝<rt>sī</rt></ruby><ruby>做<rt>zuò</rt></ruby><ruby>衣<rt>yī</rt></ruby><ruby>服<rt>fu</rt></ruby>，<ruby>穿<rt>chuān</rt></ruby><ruby>在<rt>zài</rt></ruby><ruby>身<rt>shēn</rt></ruby><ruby>上<rt>shang</rt></ruby>，<ruby>一<rt>yí</rt></ruby><ruby>定<rt>dìng</rt></ruby><ruby>又<rt>yòu</rt></ruby><ruby>舒<rt>shū</rt></ruby><ruby>服<rt>fu</rt></ruby><ruby>又<rt>yòu</rt></ruby><ruby>好<rt>hǎo</rt></ruby><ruby>看<rt>kàn</rt></ruby>。

9

<ruby>于<rt>yú</rt></ruby><ruby>是<rt>shì</rt></ruby>，<ruby>嫘<rt>léi</rt></ruby><ruby>祖<rt>zǔ</rt></ruby><ruby>教<rt>jiāo</rt></ruby><ruby>全<rt>quán</rt></ruby><ruby>国<rt>guó</rt></ruby><ruby>人<rt>rén</rt></ruby><ruby>民<rt>mín</rt></ruby><ruby>种<rt>zhòng</rt></ruby><ruby>桑<rt>sāng</rt></ruby><ruby>树<rt>shù</rt></ruby>、<ruby>养<rt>yǎng</rt></ruby><ruby>蚕<rt>cán</rt></ruby><ruby>和<rt>hé</rt></ruby><ruby>织<rt>zhī</rt></ruby><ruby>布<rt>bù</rt></ruby>。<ruby>古<rt>gǔ</rt></ruby><ruby>时<rt>shí</rt></ruby><ruby>候<rt>hou</rt></ruby>，<ruby>全<rt>quán</rt></ruby><ruby>世<rt>shì</rt></ruby><ruby>界<rt>jiè</rt></ruby><ruby>只<rt>zhǐ2</rt></ruby><ruby>有<rt>yǒu</rt></ruby><ruby>中<rt>zhōng</rt></ruby><ruby>国<rt>guó</rt></ruby><ruby>才<rt>cái</rt></ruby><ruby>有<rt>yǒu</rt></ruby><ruby>蚕<rt>cán</rt></ruby><ruby>丝<rt>sī</rt></ruby>。

10

nà shí hou wài guó shāng rén dài zhe
那时候，外国商人带着
jīn zi zǒu jǐ qiān lǐ sī lù dào
金子，走几千里丝路到
zhōng guó mǎi sī yì zhí dào xiàn zài
中国买丝。一直到现在，
zhōng guó sī hái shì quán shì jiè zuì yǒu
中国丝还是全世界最有
míng de
名的。

11

qīng qing shuō mā ma míng tiān
青青说："妈妈，明天
gāi wǒ shàng tái shuō gù shi wǒ yào
该我上台说故事，我要
bǎ zhè ge gù shi shuō gěi dà jiā
把这个故事说给大家
tīng lǎo shī yí dìng shuō wǒ hěn
听，老师一定说我很
bàng
棒！"

老师问，小朋友回答：

1. 蚕宝宝吐丝做成了什么？
2. 人们可以用蚕丝做什么？
3. 养蚕织布是谁发明的？
4. 古时候，外国商人怎样来中国买丝？
5. 全世界哪国的丝最有名？

丝路图：红色—陆路，蓝色—水路。→

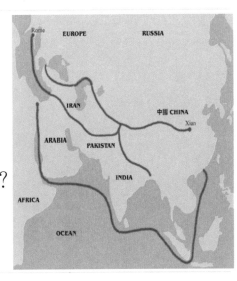

50

第六课

课文 北风和太阳

有一天，北风和太阳比赛，看看谁的本事大。这时候，有一个人在路上走，他的身上穿着一件大衣。

北风对太阳说："我们来比一比，看谁能把他的大衣脱下来。"

于是，北风就用力吹！那个人一边走一边说："好冷啊！"，他把大衣拉得更紧。北风吹累了，

他对太阳说："你来试
试吧！"

太阳从云里出来，
温和的阳光照在
那个人身上，
他走了一会儿，
觉得有点儿热了，
没多久，就开始流汗了。于是，
他自己就把大衣脱了下来。
北风说："太阳，还是你的
本事大。"

语文练习　第一周

shēng zì cí yǔ dú yi dú
生字词语读一读

lù	shēn	chuān	bǐ	duì	néng	yáng
路	身	穿	比	对(對)	能	阳(陽)

lù　lù biān　mǎ lù
路：路边、马路

duì　dá duì le　duì bu qǐ
对：答对了、对不起

shēn　shēn tǐ　shēn gāo
身：身体、身高

néng　kě néng　bù néng
能：可能、不能

chuān　chuān yī　chuān xié
穿：穿衣、穿鞋

yáng　yáng tái　tài yáng yǎn jìng
阳：阳台、太阳眼镜

bǐ　bǐ bǐ kàn　bǐ sài
比：比比看、比赛

马路　　量身高　　穿衣　　穿鞋
答对了　　对不起　　不能　　太阳眼镜

zú bù de zì　zú zì páng
"足"部的字/足字旁

足

跳　　跑　　　路　　跟

zào jù liàn xí
造 句 练 习

bǐ
比……

wǒ men lái bǐ yi bǐ kàn shéi pǎo de kuài
1. 我 们 来 比 一 比 看 谁 跑 得 快 。

gē ge bǐ₂ wǒ dà yí suì
2. 哥 哥 比 我 大 一 岁 。

néng
能……

wǒ méi dài qián bù néng mǎi dōng xi
1. 我 没 带 钱 ， 不 能 买 东 西 。

nǐ néng bāng wǒ₂ bǎ dà yī ná guo lai ma
2. 你 能 帮 我 把 大 衣 拿 过 来 吗 ？

kě néng yí dìng
可 能 ＜一 定

wǒ míng tiān kě néng huì qù tú shū guǎn
1. 我 明 天 可 能 会 去 图 书 馆 。

wǒ míng tiān yí dìng huì qù tú shū guǎn
2. 我 明 天 一 定 会 去 图 书 馆 。

第六课　语文练习　第二周

shēng zì cí yǔ dú yi dú
生字词语读一读

chuī	yú	lěng	rè	lèi	zì	jǐ
吹	于(於)	冷	热(熱)	累	自	己

chuī　chuī fēng jī　chuī kǒu shào
吹：吹风机、吹口哨

lèi　hěn lèi
累：很累

yú　yú shì　zhōng yú
于：于是、终于

zì　zì lái shuǐ　zì sī
自：自来水、自私

lěng　lěng shuǐ　hěn lěng
冷：冷水、很冷

jǐ　zì jǐ
己：自己

rè　hěn rè　rè nao
热：很热、热闹

吹风机　　吹口哨　　很冷　　过新年很热闹

很热　　跑得很累　　自来水　　自己

kǒu　bù de zì　kǒu zì páng
"口" 部的字 / 口字旁

口

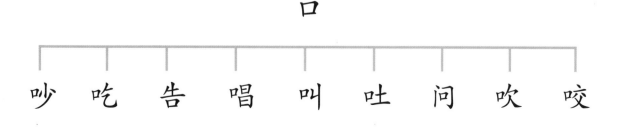

吵　吃　告　唱　叫　吐　问　吹　咬

zào jù liàn xí
造句练习

yú shì
于是……

zuó tiān shān shang xià le yì chǎng dà xuě   yú shì
1. 昨天山上下了一场大雪，于是，
jīn tiān wǒ men shàng shān qù huá xuě
今天我们上山去滑雪。

huì huà liàn xí
会话练习（妈妈正在开车，明明用手机打电话给林奶奶）
词语练习：路、路口、路边、过马路

lín nǎi nai   wǒ men xiàn zài zài dà míng lù hé
明明：林奶奶，我们现在在大明路和
zhōng shān lù de lù kǒu   kuài dào nín jiā le
中山路的路口，快到您家了！

gào su mā ma   wǒ jiā lù biān bù néng tíng chē
林奶奶：告诉妈妈，我家路边不能停车。

mā ma shuō tā huì tíng zài duì miàn de lù biān
明明：妈妈说她会停在对面的路边。

guò mǎ lù yào xiǎo xīn wo
林奶奶：过马路要小心喔！

hǎo   xiè xie lín nǎi nai
明明：好！谢谢林奶奶。

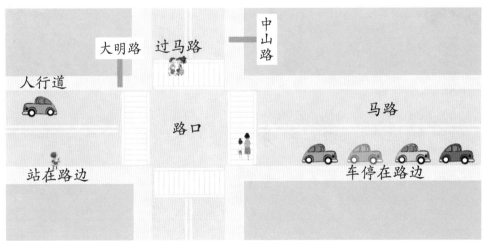

第六课讲故事： 老鼠娶新娘

dì liù kè jiǎng gù shi | lǎo2 shǔ qǔ xīn niáng

从前，有一个老鼠市长，
他的女儿又聪明又漂亮。
许多老鼠都想跟她结婚。

老鼠市长对女儿说："女
儿，老鼠又小又没有本
事，你不要和老鼠结婚。"

女儿问："那么，世界上
谁最有本事呢？"老鼠市
长说："嗯，我要想想
看！"

4

nà nián dōng tiān　　 tiān qì hěn₂ lěng
那年冬天，天气很冷，
lǎo₂ shǔ shì zhǎng zài fáng dǐng shang shài tài
老鼠市长在房顶上晒太
yáng　　 tài yáng shài zài shēn shang hǎo
阳。太阳晒在身上，好
shū fu a
舒服啊！

5

lǎo₂ shǔ shì zhǎng shuō　　　　 a duì
老鼠市长说：“啊！对
le　　 wǒ xiāng xìn tài yáng zuì yǒu₂ běn
了！我相信太阳最有本
shi　　 wǒ yào bǎ₂ nǚ ér jià gěi tài
事，我要把女儿嫁给太
yáng
阳。”

6

yú shì　　 lǎo₂ shǔ shì zhǎng zì jǐ qù
于是，老鼠市长自己去
zhǎo tài yáng　　 tài yáng shuō　　 wū
找太阳。太阳说：“乌
yún bǐ₂ wǒ yǒu₂ běn shi　　 yīn wèi wū
云比我有本事，因为乌
yún néng bǎ₂ wǒ dǎng zhù
云能把我挡住。”

7

老鼠市长不怕累，他又跑去找乌云。乌云说："大风比我有本事，因为大风能把我吹散。"

8

老鼠市长不怕累，他又跑去找大风。大风说："墙比我有本事，因为墙能把我挡住。"

9

老鼠市长在路上，看见一只老鼠在墙上打洞，他想："哦！原来老鼠比墙还有本事！"

lǎo shǔ shì zhǎng yí lù pǎo huí jiā
老鼠市长一路跑回家。
tā shuō nǚ ér shì jiè shang
他说："女儿，世界上
hái shì lǎo shǔ zuì yǒu běn shi nǐ
还是老鼠最有本事，你
gēn lǎo shǔ jié hūn ba
跟老鼠结婚吧！"

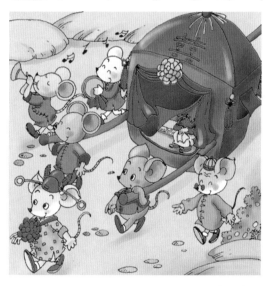

zhēng yuè chū sān shì lǎo shǔ jié hūn de
正月初三是老鼠结婚的
rì zi shì zhǎng nǚ ér chuān shang dà
日子。市长女儿穿上大
hóng de xīn yī zuò shang huā jiào rè
红的新衣，坐上花轿，热
rè nào nào de jié hūn le
热闹闹地结婚了。

老师问，小朋友回答：
1. 老鼠市长原先为什么不要女儿和老鼠结婚？
2. 老鼠市长为什么说太阳最有本事？
3. 最后老鼠市长发现谁最有本事？
4. 最后老鼠市长的女儿和谁结婚？
5. 哪一天是老鼠结婚的日子？

第七课　　　课文 我 跟 谁 一 样
wǒ gēn shéi yí yàng

jīn　　　mā ma
今 天 是 妈 妈 的 生

qǐ de zǎo
日 ，爸 爸 起 得 早 ，

我 也 起 得 早 ，我

gēn　　　　　yàng
跟 爸 爸 一 样 。

zuò zǎo fàn
爸 爸 做 早 饭 ，

zǎo fàn
我 也 做 早 饭 ，

yàng
我 跟 爸 爸 一 样 。

gēn　　　　　　　kuài lè
爸 爸 跟 妈 妈 说 生 日 快 乐 ，

gēn　　　　　　　kuài lè
我 也 跟 妈 妈 说 生 日 快 乐 ，

yàng
我 跟 爸 爸 一 样 。

61

今天天气很好，吃完午饭，爸爸开车带

我和妈妈去河边钓鱼。我们全家坐在河

边，一直钓，一直钓，

一直钓……

太阳快下山了，妈

妈钓到一条大鱼，

我也钓到一条大鱼，

奇怪！

爸爸钓到一条小鱼，

好像只有三吋长。

啊哈！这次，我跟妈妈一样！

第七课　　语 文 练 习　　第一周

shēng zì cí yǔ dú yi dú
生 字 词 语 读 一 读

lè	yàng	zuò	fàn	qì	wán	chē
乐(樂)	样(樣)	做	饭(飯)	气(氣)	完	车(車)

lè　kuài lè　yīn yuè
乐：快 乐、音 乐

qì　tiān qì　kōng qì
气：天 气、空 气

yàng　yí yàng　yàng zi
样：一 样、样 子

wán　zuò wán le　wán chéng
完：做 完 了、完 成

zuò　zuò shì　zuò gōng kè
做：做 事、做 功 课

chē　xiào chē　gōng gòng qì chē
车：校 车、公 共 汽 车

fàn　wǎn fàn　zuò fàn
饭：晚 饭、做 饭

快乐	一样	做功课	做饭
气球	功课做完了	校车	公共汽车

zào jù liàn xí
造 句 练 习

wán
……完……

zhè běn shū nǐ kàn wán le ma
1. 这 本 书 你 看 完 了 吗？

nǐ chī wán zǎo fàn le ma
2. 你 吃 完 早 饭 了 吗？

63

zuò
做……

mā ma zuò de cài hěn₂ hǎo chī
1. 妈妈做的菜很好吃。
momma's food is very delious.

wǒ de gōng kè zuò wán le
2. 我的功课做完了。
I've finished my homework

nǐ zài zuò shén me
3. 你在做什么？
what are you doing?

gēn   yí yàng
……跟……一样……

bà ba
爸爸

wǒ men dōu chuān hóng yī fu
我们都穿红衣服。

wǒ   gēn   mā ma   yí yàng
我   跟   妈妈   一样，

wǒ men dōu ài chàng gē
我们都爱唱歌。

mèi mei
妹妹

wǒ men dōu ài kàn shū
我们都爱看书。

tóng yīn zì liàn xí
同音字练习

wán   zuò wán le
完 做完了

wán   wán qiú
玩 玩球

zuò   zuò gōng kè
做 做功课

zuò   zuò chē
坐 坐车

第七课　语文练习　第二周

shēng zì cí yǔ dú yi dú
生字词语读一读

dài	quán	qí	guài	cùn	cì	xiàng
带(帶)	全	奇	怪	吋	次	像

dài　　ān quán dài　pí dài
带：安全带、皮带

quán　quán jiā　quán bù
全：全家、全部

qí　　qí guài　hào qí
奇：奇怪、好奇

guài　guài shòu　guài bié rén
怪：怪兽、怪别人

cùn　yí cùn
吋：一吋

cì　zhè cì　sān cì
次：这次、三次

xiàng　hǎo xiàng　hěn xiàng
像：好像、很像

安全带　皮带　不安全　全部都对

他很好奇　怪兽　跳三次　长得很像

kàn tú shuō yi shuō
看图说一说

yī cùn yǒu duō cháng
一吋有多长？

zhè tiáo xiǎo yú yǒu duō cháng
这条小鱼有多长？

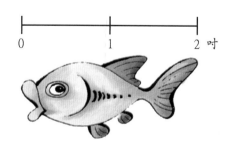

0　　1　　2 吋

huì huà liàn xí
会话练习（友友和妈妈谈天，友友手里拿着一张旧相片）

词语练习：像、好像、很像、非常像、有点儿像、不像

 友友： zhè shì shéi hǎo xiàng bà ba wo
这是谁？好像爸爸喔！

 妈妈： zhè shì yé ye nián qīng shí hou de xiàng piàn
这是爷爷年轻时候的相片。

 友友： bà ba zhǎng de hěn xiàng yé ye shū shu xiàng shéi
爸爸长得很像爷爷！叔叔像谁？

 妈妈： shū shu zhǎng de fēi cháng xiàng nǎi nai bú xiàng yé ye
叔叔长得非常像奶奶，不像爷爷。

 友友： mā ma nǐ2 zhǎng de xiàng shéi ne
妈妈，你长得像谁呢？

 妈妈： wǒ xiàng wài pó yě yǒu2 diǎnr xiàng wài gōng
我像外婆，也有点儿像外公。

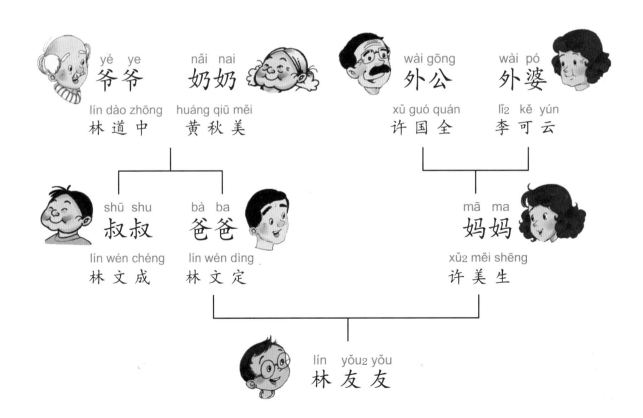

dì qī kè jiǎng gù shi
第 七 课 讲 故 事：

wǒ yào bāng zhù yé ye
我 要 帮 助 爷 爷

1

yǒu yì tiān yǒu2 yǒu de yé ye zhòng
有 一 天 ， 友 友 的 爷 爷 中
fēng le jiù hù chē bǎ yé ye sòng
风 了 。 救 护 车 把 爷 爷 送
jìn yī yuàn
进 医 院 。

hospital

中风了 = Stroke

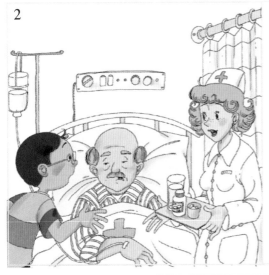

2

mā ma kāi chē dài yǒu2 yǒu qù yī yuàn
妈 妈 开 车 带 友 友 去 医 院
kàn yé ye yǒu2 yǒu fā xiàn yé
看 爷 爷 。 友 友 发 现 ， 爷
ye shuō huà de yàng zi hǎo xiàng yǒu2 diǎnr
爷 说 话 的 样 子 好 像 有 点 儿
qí guài
奇 怪 。

discover
speak
seem

3

guò le liǎng xīng qī yé ye huí jiā
过 了 两 星 期 ， 爷 爷 回 家
le yǒu2 yǒu fā xiàn yé ye zǒu
了 。 友 友 发 现 ， 爷 爷 走
lù de yàng zi hǎo xiàng yě yǒu2 diǎnr
路 的 样 子 好 像 也 有 点 儿
qí guài
奇 怪 。

two weeks
notice

走路 = walk on the road

4

yī shēng yào yé ye duō liàn xí shuō huà
医 生 要 爷 爷 多 练 习 说 话
hé zǒu lù kě shì yé ye shén me
和 走 路 。 可 是 爷 爷 什 么
yě bù xiǎng zuò tā měi tiān dāi dāi
也 不 想 做 ， 他 每 天 呆 呆
de zuò zhe kàn chuāng wài
地 坐 着 看 窗 外 。

5

yǒu2 yǒu jì de tā xiǎo shí hou yé
友 友 记 得 他 小 时 候 ， 爷
ye cháng cháng jiāo tā niàn shū yé ye
爷 常 常 教 他 念 书 。 爷 爷
niàn yí jù tā gēn zhe niàn yí jù
念 一 句 ， 他 跟 着 念 一 句 。
nà shí hou tā men hǎo kuài lè a
那 时 候 ， 他 们 好 快 乐 啊 ！

6

yǒu2 yǒu xiǎng xiàn zài wǒ2 zhǎng dà
友 友 想 ： " 现 在 我 长 大
le kě2 yǐ bāng zhù yé ye le
了 ， 可 以 帮 助 爷 爷 了 ，
wǒ yào bāng zhù yé ye kuài diǎnr hǎo2
我 要 帮 助 爷 爷 快 点 儿 好
qǐ lai
起 来 。 "

7

于是，友友每天和爷爷
一起念书，友友念一句，
爷爷跟着念一句。他们
很快乐，就像小时候一
样。

8

每天吃完晚饭，爷爷两
只手扶着友友，友友走
一步，爷爷跟着走一步。

9

爷爷一天比一天进步。
天气好的时候，友友还
扶着爷爷在公园散步。

10

yé ye měi cì dōu mǎi liǎng ge bīng qí
爷爷 每 次 都 买 两 个 冰 淇
lín tā men yì biān zǒu yì biān chī
淋。 他 们 一 边 走 一 边 吃，
jiù xiàng xiǎo shí hou yí yàng
就 像 小 时 候 一 样。

冫水く淇冰木＝icecream

11

bàn nián yǐ hòu yī shēng shuō yé ye
半 年 以 后， 医 生 说 爷 爷
wán quán hǎo le quán jiā dōu fēi cháng
完 全 好 了。 全 家 都 非 常
gāo xìng yǒu yǒu zuì gāo xìng yīn
高 兴， 友 友 最 高 兴， 因
wèi tā bāng zhù le yé ye
为 他 帮 助 了 爷 爷。

老师问，小朋友回答：
1. 友友的爷爷怎么了？
2. 医生要爷爷做什么？
3. 友友怎么样帮助爷爷练习说话？
4. 友友怎么样帮助爷爷练习走路？
5. 爷爷好了，为什么友友最高兴？

第⑧课　课文 明明的扑满
_{míng ming de pū mǎn}

明明的扑满是一个可爱的
_{míng ming　pū mǎn　　　　ài}

小房子。小房子有黑色的
_{fáng　　　fáng　hēi sè}

烟囱、红色的门
_{yān cōng　hóng sè}

和两个方方的窗户。
_{liǎng fāng fāng chuāng hu}

明明常常把她的零用钱从烟囱放进
_{cháng cháng　　　　　líng yòng qián cóng yān cōng fàng jìn}

小房子里。
_{fáng}

有一天，小房子里的钱满了，
_{fáng　　　　qián mǎn}

明明把门打开。
_{dǎ}

明明开心地说：

"哇！好多钱啊！"
_{wa　　　qián a}

小房子里有许多十分、两毛五分
和一元的硬币，明明数了半天才数完。

明明跟妈妈说："妈妈！这里一
共有二十一块钱。我想把这些钱存进
银行，好吗？"

妈妈说："好啊，我现在就带你去吧！"

明明说："妈妈，谢谢您！"

72

第⑧课　语文练习　第一周

shēng zì cí yǔ dú yi dú
生字词语读一读

fáng	cōng	chuāng	hù	fāng	qián	dǎ
房	囱	窗	户	方	钱(錢)	打

fáng　　fáng jiān　shū fáng
房：房间、书房

cōng　　yān cōng
囱：烟囱

chuāng　chuāng lián　chē chuāng
窗：窗帘、车窗

hù　　chuāng hu　hù tóu
户：窗户、户头

fāng　　zhèng fāng xíng　fāng xiàng
方：正方形、方向

qián　　líng yòng qián　huā qián
钱：零用钱、花钱

dǎ　　dǎ kāi　dǎ zì
打：打开、打字

正方形　方向　烟囱　窗帘
洗车窗　窗户　打字　给零用钱

pīn pīn kàn
拼拼看

xuè　　gōng　　　kōng
● 穴 ＋ 工 ━━▶ 空

xuè　　yá　　　chuān
● 穴 ＋ 牙 ━━▶ 穿

xuè　　cōng　　chuāng
● 穴 ＋ 囱 ━━▶ 窗

zào jù liàn xí
造 句 练 习

dǎ
打……

zuó tiān xià wǔ yǒu2 yǒu hé zhōng zhong qù dǎ qiú
1. 昨 天 下 午 友 友 和 中 中 去 打 球 。

qǐng2 nǐ bǎ mén dǎ kāi hǎo ma
2. 请 你 把 门 打 开 好 吗 ？

jīn tiān lǎo shī jiāo wǒ men dǎ zì
3. 今 天 老 师 教 我 们 打 字 。

mā ma zhèng zài dǎ diàn huà
4. 妈 妈 正 在 打 电 话 。

jīn tiān zǎo shang wǒ hé lǎo shī dǎ zhāo hu le
5. 今 天 早 上 我 和 老 师 打 招 呼 了 。

rèn shi měi guó de qián bì
认 识 美 国 的 钱 币

yì bǎi yuán
一 百 元

wǔ shí yuán
五 十 元

èr shí yuán
二 十 元

shí yuán
十 元

wǔ yuán
五 元

yì yuán
一 元

yì yuán
一 元

liǎng máo wǔ fēn
两 毛 五 分

yì máo
一 毛

wǔ fēn
五 分

yì fēn
一 分

第八课　语文练习　第二周

shēng zì cí yǔ dú yi dú
生字词语读一读

yuán	shǔ	cún	yín	háng	xiè	mài
元	数(數)	存	银(銀)	行	谢(謝)	卖(賣)

yuán　yì yuán　yuán dàn
元：一元、元旦

mài　mài dōng xi　mài diào le
卖：卖东西、卖掉了

shǔ　shǔ yi shǔ　shù xué
数：数一数、数学

háng　yín háng　bù xíng
行：银行、不行

cún　cún qián　cún zhé
存：存钱：存折

xiè　xiè xie　huā xiè le
谢：谢谢、花谢了

yín　yín pái　yín hé
银：银牌、银河

一元　　数学　　存钱　　银牌

银河　　不行　　银行　　花谢了

dān wèi liàng cí niàn yi niàn
单位量词念一念

yì dá dàn
一打蛋

yí miàn jìng zi
一面镜子

yì jiān jiào shì
一间教室

yì chǎng qiú sài
一场球赛

yí duì ěr huán
一对耳环

yì tái diàn nǎo
一台电脑

75

zào jù liàn xí
造 句 练 习

yuán
元……

wǒ₂ yǒu shí yuán   yòng diào sān yuán   hái yǒu qi yuán
1. 我 有 十 元 ， 用 掉 三 元 ， 还 有 七 元 。

2. $1000 + $600 = $1600
yì qiān yuán jiā liù bǎi yuán děng yú yì qiān liù bǎ yuán
一 千 元 加 六 百 元 等 于 一 千 六 百 元 。

3. 4 个   25¢   = $1
sì ge èr shí wǔ fēn děng yú yì yuán
四 个 二 十 五 分 等 于 一 元 。

huì huà liàn xí
会 话 练 习 （明明和妈妈在谈天）

词语练习：零用钱、花零用钱

mā ma   nín xiǎo shí hou yě₂ yǒu líng yòng qián ma
明明：妈 妈 ， 您 小 时 候 也 有 零 用 钱 吗 ？

yǒu a   wài pó měi xīng qī gěi₂ wǒ wǔ kuài qián
妈妈：有 啊 ！ 外 婆 每 星 期 给 我 五 块 钱 。

nín zěn me huā líng yòng qián ne
明明：您 怎 么 花 零 用 钱 呢 ？

wǒ₂ bǎ wǔ kuài qián fēn chéng sān fèn   liǎng kuài qián cún qi lai
妈妈：我 把 五 块 钱 分 成 三 份 ， 两 块 钱 存 起 来 ，

liǎng kuài qián líng yòng   yí kuài qián juān gěi hóng shí zì huì
两 块 钱 零 用 ， 一 块 钱 捐 给 红 十 字 会 。

wǒ₂ yě yào zhè yàng
明明：我 也 要 这 样 ！

第八课讲故事： 柠檬汁和小鸟
dì bā kè jiǎng gù shi　　　　níng méng zhī hé xiǎo niǎo

yǒu yì tiān ，míng ming hé mā ma lù
有一天，明明和妈妈路
guo chǒng wù diàn ，kàn jian chú chuāng li
过宠物店，看见橱窗里
yǒu yì zhī yīng wǔ ，yàng zi hěn kě
有一只鹦鹉，样子很可
ài
爱。

míng ming yì zhí xiǎng yào yì zhī yīng wǔ
明明一直想要一只鹦鹉。
chǒng wù diàn de lǎo bǎn shuō ，nà zhī
宠物店的老板说，那只
yīng wǔ yào mài sì shí yuán
鹦鹉要卖四十元。

míng ming huí jiā yǐ hòu ，ná chū yín
明明回家以后，拿出银
háng cún zhé ，dǎ kāi yí kàn ，hù
行存折，打开一看，户
tóu li zhǐ yǒu sān shí yuán ，zěn me
头里只有三十元，怎么
bàn ne
办呢？

mā ma wèn　　　nǐ yào bāng máng ma
妈妈问："你要帮忙吗？"
míng ming shuō　　xiè xie mā ma　　wǒ
明明说："谢谢妈妈！我
xiǎng mài níng méng zhī　　yì bēi mài wǔ
想卖柠檬汁！一杯卖五
máo qián
毛钱。"

míng ming shuō　　　shàng xīng qī yóu yuán huì
明明说："上星期游园会，
wǒ men bān mài níng méng zhī　　zhuàn le
我们班卖柠檬汁，赚了
xǔ duō qián ne　　　mā ma shuō　　nà
许多钱呢！"妈妈说："那
nǐ shì shi kan ba
你试试看吧！"

xīng qī wǔ　míng ming xiān bǎ fāng zhuō zi
星期五，明明先把方桌子
fàng zài chē fáng qián miàn de kòng dì shang
放在车房前面的空地上，
rán hòu bǎ níng méng zhī　　bēi zi děng
然后把柠檬汁、杯子等
dōng xi bān chu lai
东西搬出来。

78

míng ming máng le bàn tiān　　cái mài le
明 明 忙 了 半 天 ， 才 卖 了
liǎng bēi níng méng zhī　　yí gòng mài le
两 杯 柠 檬 汁 ， 一 共 卖 了
yí kuài qián　tiān jiù xià yǔ le　míng
一 块 钱 ， 天 就 下 雨 了 。 明
míng zhǐ hǎo bǎ dōng xi bān huí jiā
明 只 好 把 东 西 搬 回 家 。

xīng qī liù xià wǔ　　míng ming bǎ níng
星 期 六 下 午 ， 明 明 把 柠
méng zhī bān dào lù kǒu qù mài　　zhěng
檬 汁 搬 到 路 口 去 卖 ， 整
ge xià wǔ　　yí gòng mài le wǔ kuài
个 下 午 ， 一 共 卖 了 五 块
qián
钱 。

xīng qī tiān　　zhōng zhong　qīng qing hé
星 期 天 ， 中 中 、 青 青 和
yǒu yǒu dōu lái bāng máng　　tā men yì
友 友 都 来 帮 忙 ， 他 们 一
qǐ bǎ níng méng zhī ná dào lù biān de
起 把 柠 檬 汁 拿 到 路 边 的
xiǎo gōng yuán qù mài
小 公 园 去 卖 。

10

méi duō jiǔ   níng méng zhī quán mài wán
没 多 久 ，柠 檬 汁 全 卖 完
le   yí gòng mài le shí kuài qián
了 ，一 共 卖 了 十 块 钱 。
míng ming hěn gāo xìng   tā xiàn zài yí
明 明 很 高 兴 ，她 现 在 一
gòng yǒu sì shí liù kuài qián
共 有 四 十 六 块 钱 。

11

míng ming bǎ yīng wǔ mǎi hui lai le
明 明 把 鹦 鹉 买 回 来 了 。
mā ma wèn   nǐ yào jiào tā shén
妈 妈 问 ：" 你 要 叫 它 什
me míng zi   míng ming xiǎng le xiǎng
么 名 字 ？" 明 明 想 了 想
shuō
说 ：" Lemonade ！"

老师问，小朋友回答：

1. 老板说那只鹦鹉要卖多少钱？

2. 明明银行里有多少钱？

3. 明明还需要多少钱才能买到那只鹦鹉？

4. 明明的柠檬汁一共卖了多少钱？

5. 明明为什么给鹦鹉取名Lemonade？

第九课　　　课文 我 的 眼 镜 呢

外公 看 报 纸 一 定 要 戴 老 花 眼 镜 ，他

常 常 手 里 拿 着 报 纸 找 眼 镜 。

有 一 天 ，

外 公 在 楼 上 叫 ：

"咦 ！ 眼 镜 呢 ？

谁 看 见 我 的 眼 镜 了 ？"

妈 妈 到 厨 房 找 、 饭 厅 找 、 院 子 找 。

爸 爸 到 客 厅 找 、 洗 手 间 找 ，他 们 都 没 找

到 外 公 的 眼 镜 。

81

友友到书房找，

桌子上、

椅子上、

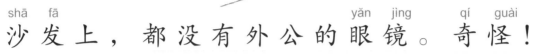

沙发上，都没有外公的眼镜。奇怪！

眼镜会在哪里呢？

友友跑上楼，这时候，

他看见外公正在床上找眼镜。

友友笑着说："外公，

我找到眼镜了。"

外公问："在哪里？"

友友说：

"就戴在外公的头上啊！"

第九课　语文练习　第一周

shēng zì cí yǔ dú yi dú
生 字 词 语 读 一 读

yǎn	jìng	lóu	chú	yuàn	kè	xǐ
眼	镜(鏡)	楼(樓)	厨(廚)	院	客	洗

yǎn　yǎn jing　yǎn lèi
眼：眼睛、眼泪

yuàn　yuàn zi　yī yuàn
院：院子、医院

jìng　yǎn jìng　fàng dà jìng
镜：眼镜、放大镜

kè　kè ren　qǐng kè
客：客人、请客

lóu　lóu tī　lóu shang
楼：楼梯、楼上

xǐ　xǐ zǎo　xǐ yī jī
洗：洗澡、洗衣机

chú　chú fáng　chú shī
厨：厨房、厨师

老花眼镜　　放大镜　　流眼泪　　厨师

医院　　请客　　洗澡　　洗衣机

mù　bù de zì mù zì páng
"木" 部 的 字/木 字 旁　　木

相　林　李　桌　椅　楼　样　朵　床

zào jù liàn xí
造 句 练 习

zhèng zài
正 在……

xiǎo shēng diǎnr　　mèi mei zhèng zài shuì wǔ jiào ne
1. 小 声 点 儿 ， 妹 妹 正 在 睡 午 觉 呢 ！

tā men zhèng zài kāi huì　　wǒ men děng huìr zài lái
2. 他 们 正 在 开 会 ， 我 们 等 会 儿 再 来 。

kàn tú shuō yi shuō
看 图 说 一 说 ：

lóu tī
楼 梯

shū fáng
书 房

xǐ₂ shǒu jiān
洗 手 间

chē fáng
车 房

qián yuàn
前 院

hòu yuàn
后 院

fàn tīng
饭 厅

chú fáng
厨 房

kè tīng
客 厅

fáng jiān
房 间

yáng tái
阳 台

语文练习　第二周

shēng zì cí yǔ dú yi dú
生字词语读一读

jiān	yǐ	zhuō	fā	shí	hòu	chuáng
间(間)	椅	桌	发(發)	时(時)	候	床

jiān　　xǐ₂ shǒu jiān　　zhōng jiān
间：洗手间、中间

shí　　shí jiān　　shí hou
时：时间、时候

yǐ　　yǐ zi
椅：椅子

hòu　　qì hòu　　wèn hòu
候：气候、问候

zhuō　　shū zhuō　　fàn zhuō
桌：书桌、饭桌

chuáng　　qǐ chuáng　　chuáng dān
床：起床、床单

fā　　fā míng　　fā xiàn
发：发明、发现

发明

我站在爸妈的中间

椅子

书桌

时间

问候

起床

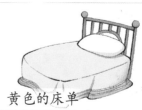
黄色的床单

zào jù liàn xí
造句练习

fā xiàn
发现

nǐ zhī dao diàn shì shéi fā xiàn de ma
1. 你知道电是谁发现的吗？

qīng qing fā xiàn hòu yuàn yǒu ge lǎo₂ shǔ dòng
2. 青青发现后院有个老鼠洞。

85

fā míng
发明

nǐ zhī dao diàn dēng shì shéi fā míng de ma
1. 你知道电灯是谁发明的吗？

léi zǔ fā míng yòng cán sī zuò yī fu
2. 嫘祖发明用蚕丝做衣服。

shí hou
⋯⋯时候⋯⋯

chī dōng xi de shí hou bú yào shuō huà
1. 吃东西的时候，不要说话。

zhè shì wǒ xiǎo shí hou de xiàng piàn
2. 这是我小时候的相片。

huì huà liàn xí
会话练习 （友友全家在吃晚饭）

词语练习：房子、院子、客厅、饭厅、厨房、洗手间、洗衣间、车房等名称

zhù zài duì miàn de jīn tài tai yào mài fáng zi
妈妈：住在对面的金太太要卖房子。

tā jiā de yuàn zi hěn dà fáng zi yě dà ma
爸爸：她家的院子很大，房子也大吗？

fáng zi yě hěn dà lóu shang yǒu sān ge fáng jiān hé liǎng
妈妈：房子也很大。楼上有三个房间和两

ge xǐ shǒu jiān lóu xià yǒu kè tīng fàn tīng chú
个洗手间。楼下有客厅、饭厅、厨

fáng xǐ yī jiān hé chē fáng
房、洗衣间和车房。

lín dà gē zhèng xiǎng mǎi fáng zi wǒ míng tiān gào su tā
爸爸：林大哥正想买房子，我明天告诉他。

第九课讲故事: 买不到的礼物
dì jiǔ kè jiǎng gù shi　　　mǎi bu dào de lǐ wù

1

星期日早上，青青说：
xīng qī rì zǎo shang　　qīng qing shuō

"妈妈！您有一封信，
mā ma　nín yǒu yì fēng xìn

在厨房的桌子上。"
zài chú fáng de zhuō zi shang

她说完就去中文学校
tā shuō wán jiù qù zhōng wén xué xiào

了。
le

2

妈妈把信打开一看，原
mā ma bǎ xìn dǎ kāi yí kàn　yuán

来是青青要她去客厅找
lái shì qīng qing yào tā qù kè tīng zhǎo2

礼物。
lǐ wù

妈妈觉得很有趣。
mā ma jué de hěn2 yǒu qù

3

妈妈在沙发上找到一
mā ma zài shā fā shang zhǎo dào yì

封信。信上写着："猜
fēng xìn　xìn shang xiě ze　cāi

猜看，青青最喜欢哪
cāi kàn　qīng qing zuì xǐ huan nǎ2

本书？请妈妈去找找
běn shū　qǐng mā ma qù zhǎo2 zhǎo

看。"
kan

4

妈妈心想："青青最爱
看什么书呢？对了！一
定是《西游记》。我去
她的房间找找看。"

5

果然，《西游记》和一
封信在青青的床上。
信上写着："镜子会告
诉您，礼物在哪里。"

6

妈妈心想："哪面镜子
呢？"她走进楼下的
洗手间，她在镜子上
看到"恭喜您！礼物就
在后院"。

7

mā ma zài hòu yuàn zhǎo le bàn tiān
妈 妈 在 后 院 找 了 半 天，
zuì hòu zài yǐ zi xià miàn fā xiàn
最 后 在 椅 子 下 面，发 现
yí ge jīn sè de hé zi
一 个 金 色 的 盒 子。
mā ma hào qí de bǎ hé zi dǎ kāi
妈 妈 好 奇 地 把 盒 子 打 开。

8

mā ma jiào dào wa hǎo piào
妈 妈 叫 道："哇！好 漂
liang ya hé zi lǐ miàn yǒu yì
亮 呀！"盒 子 里 面 有 一
tiáo fěn hóng sè de bèi ké xiàng liàn hé
条 粉 红 色 的 贝 壳 项 链 和
yì zhāng kǎ piàn
一 张 卡 片。

9

kǎ piàn shàng miàn xiě zhe mā ma
卡 片 上 面 写 着："妈 妈：
zhù nín mǔ qīn jié kuài lè xiàng liàn
祝 您 母 亲 节 快 乐！项 链
shì wǒ zì jǐ zuò de mā ma
是 我 自 己 做 的。妈 妈！
wǒ ài nín
我 爱 您！

qīng qing jìng shàng
青 青 敬 上"

10

jīn tiān shì mǔ qīn jié   quán jiā
今天是母亲节，全家
yì qǐ chū qù chī fàn de shí hou
一起出去吃饭的时候，
mā ma jiù dài zhe qīng qing sòng de
妈妈就戴着青青送的
xiàng liàn
项链。

11

bà ba shuō   zhè tiáo xiàng liàn
爸爸说："这条项链
zhēn piào liang
真漂亮！"
mā ma duì qīng qing zhǎ zha yǎn shuō
妈妈对青青眨眨眼说：
quán shì jiè zhǐ2 yǒu zhè yì tiáo
"全世界只有这一条，
yǒu qián yě2 mǎi bu dào ne
有钱也买不到呢！"

老师问，小朋友回答：
1. 青青为什么要送妈妈礼物？
2. 青青写给妈妈的第一封信放在哪里？
3. 青青把《西游记》放在哪里了？
4. 妈妈在哪里找到礼物的？
5. 妈妈为什么说，有钱也买不到这个礼物？

第十课　课文　美国是我们的国家

měi guó shì wǒ men de guó jiā

作者：许笑浓

měi guó　jiā　fang

美国是我们的国家，我们生长的地方，

píng yuán　mò　chuān

这里有高山、平原；这里有沙漠、河川。

yáng　cóng　xī yáng hǎi miàn shēng

太阳天天从大西洋海面升起，

píng yáng　luò

太阳天天从太平洋海面落下。

shēng　luò

日升，日落，

luò　shēng

日落，日升，

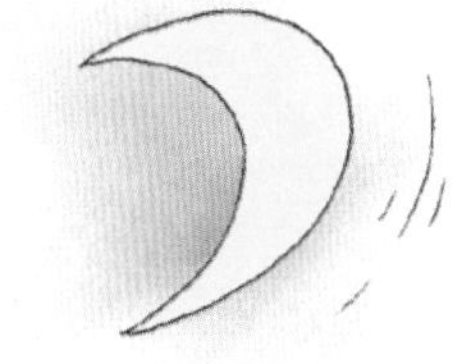

在这里，我们一天天长高；

在这里，我们一天天长大。

美国，是我们的国家，

我们都很爱她。

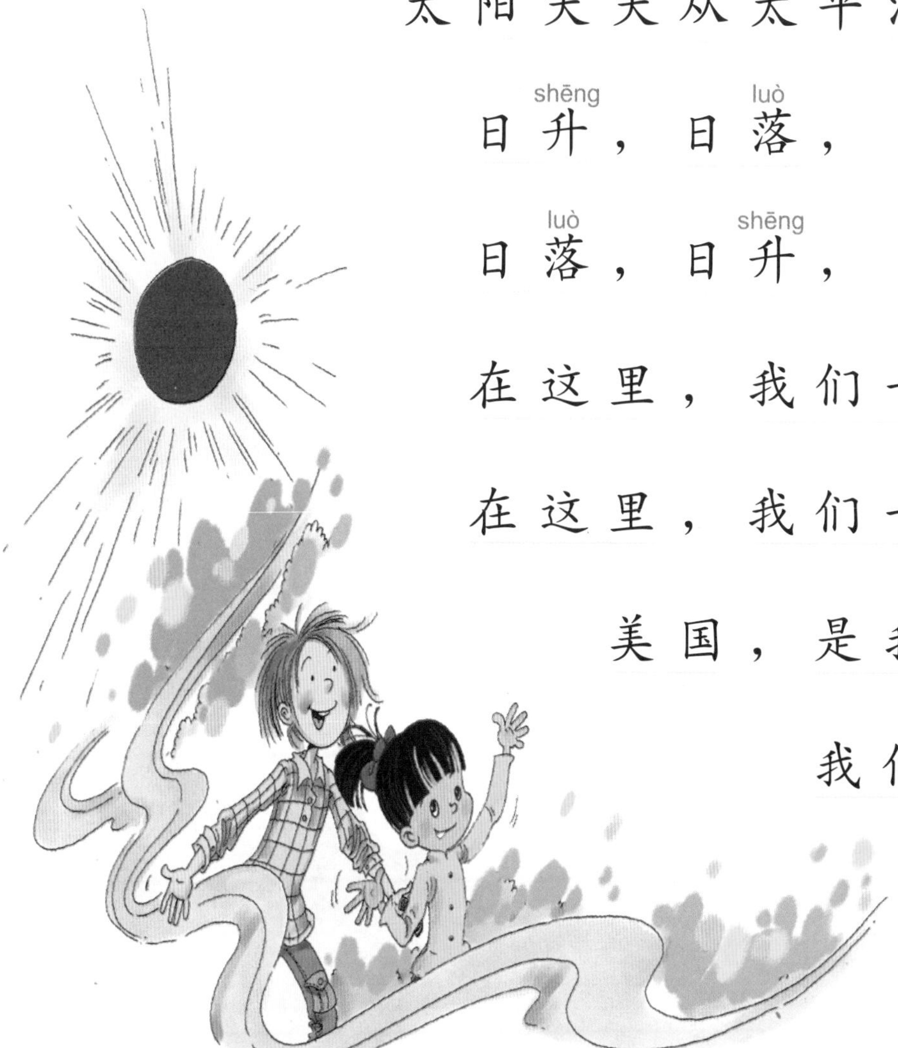

注：许多华裔孩子常常有自我定位的疑惑。这篇课文特别向孩子们强调：美国是他们的。在这个国度里，不分人种或肤色，不论祖先来自何方，大家享有共同的义务和权利。

美国是我们的国家，我们生活的地方。

这里有城市、高楼；这里有农村、牧场。

五十州住着许许多多的人民，

大家的祖先都来自四面八方。

亚洲、欧洲、

美洲、非洲，

在这里，有不同的人种；

在这里，有多元的文化。

美国，是我们的国家，

我们都很爱她。

第十课　语 文 练 习　第 一 周

shēng zì cí yǔ dú yi dú
生 字 词 语 读 一 读

píng	shēng	luò	huó	chéng	shì	nóng
平	升	落	活	城	市	农(農)

píng　　píng yuán　gōng píng
平：平原、公平

shēng　shēng qí　zhí shēng jī
升：升旗、直升机

luò　luò yè　jiàng luò sǎn
落：落叶、降落伞

huó　huó dòng　shēng huó
活：活动、生活

chéng　chéng shì　zhōng guó chéng
城：城市、中国城

shì　shì chǎng　shì zhǎng
市：市场、市长

nóng　nóng fū　nóng chǎng
农：农夫、农场

滑雪是课外活动　市场　一人一个苹果很公平　农场

中国城　农夫　直升机　降落伞

shuǐ　bù　de　zì　sān diǎn shuǐ
"水" 部 的 字/三 点 水　　氵

沙　河　海　洋　流　洗　活　没　洞　洲

yǔ₂ fǎ liàn xí
语 法 练 习

gāo xìng　gāo gāo xìng xìng　tā men gāo gāo xìng xìng de qù pá shān
高 兴　高 高 兴 兴　他 们 高 高 兴 兴 地 去 爬 山 。

rè nao　rè rè nào nào　dà jiā rè rè nào nào de guò xīn nián
热 闹　热 热 闹 闹　大 家 热 热 闹 闹 地 过 新 年 。

xǔ duō　xǔ₂ xǔ duō duō　hé lǐ yǒu xǔ₂ xǔ duō duō de yú
许 多　许 许 多 多　河 里 有 许 许 多 多 的 鱼 。

kàn tú shuō yi shuō
看 图 说 一 说

| gāo shān 高 山 mountain | shāng gǔ 山 谷 valley | gāo yuán 高 原 plateau; highland | píng yuán 平 原 plain | hé chuān 河 川 stream; river |

| sēn lín 森 林 forest | shā mò 沙 漠 desert | hǎi yáng 海 洋 sea; ocean | bàn dǎo 半 岛 peninsula |

第⑩课　语文练习　第二周

生字词语读一读

cūn	chǎng	zhōu	mín	zhōu	huà	yà
村	场(場)	州	民	洲	化	亚(亞)

cūn　　nóng cūn
村：农村

zhōu　měi zhōu　yà zhōu
洲：美洲、亚洲

chǎng　cāo chǎng　tǐ yù chǎng
场：操场、体育场

huà　wén huà　huà shí
化：文化、化石

zhōu　zhōu zhǎng　jiā zhōu
州：州长、加州

yà　yà jūn　yà yì
亚：亚军、亚裔

mín　rén mín　gōng mín
民：人民、公民

农村　　操场　　加州　　亚洲

化石　　州长　　亚军　　亚裔

同音字练习

dào　　dào zhè li	chéng　　chéng shì	zhōu　　jiā zhōu
到 - 到这里	城 - 城市	州 - 加州
dào　　zhī dao	chéng　chéng gōng	zhōu　měi zhōu
道 - 知道	成 - 成功	洲 - 美洲

rèn shì shì jiè dì tú
认识世界地图

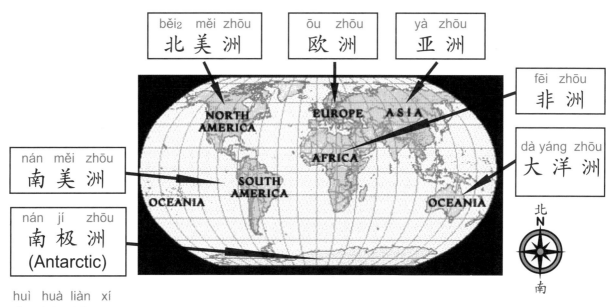

běi2 měi zhōu
北美洲

ōu zhōu
欧洲

yà zhōu
亚洲

fēi zhōu
非洲

nán měi zhōu
南美洲

dà yáng zhōu
大洋洲

nán jí zhōu
南极洲
(Antarctic)

huì huà liàn xí
会话练习（场景：青青和友友在教室谈天）

词语练习：移民、公民

青青：
jīn nián shǔ jià yé ye hé wǒ men huì qù fǎ guó
今年暑假，爷爷和我们会去法国，
kàn kan tā de lǎo jiā
看看他的老家。

友友：
nǐ yé ye shì fǎ guó rén ma
你爷爷是法国人吗？

青青：
shì dàn shì tā xiàn zài shì měi guó gōng mín yīn wèi
是，但是他现在是美国公民，因为
tā hěn2 zǎo jiù yí mín lái měi guó le
他很早就移民来美国了。

友友：
wǒ yé ye yě shì měi guó gōng mín tā shì cóng zhōng guó
我爷爷也是美国公民，他是从中国
yí mín lái de
移民来的。

青青：
nǐ qù guo zhōng guó ma
你去过中国吗？

友友：
hái méi qù guo wǒ bà ba qù guo
还没去过，我爸爸去过。

dì shí kè jiǎng gù shi
第十课讲故事： dà jiā dōu ài chī fàn 大家都爱吃饭

zuó tiān fàng xué de shí hou　míng ming
昨天放学的时候，明明
shuō　míng tiān kāi tóng lè huì　dà
说："明天开同乐会，大
jiā bú yào wàng jì dài hǎo chī de shí
家不要忘记带好吃的食
wù lái o
物来哦！"

fàng xué yǐ hòu　zhōng zhong gēn mā ma
放学以后，中中跟妈妈
qù chéng li de nóng mào shì chǎng　mǎi
去城里的农贸市场，买
le yí ge dà fèng lí　tā men yào
了一个大凤梨，他们要
zuò yí dào měi guó cài
做一道美国菜。

huí jiā yǐ hòu　mā ma bāng máng bǎ
回家以后，妈妈帮忙把
cài zuò hǎo　jīn tiān yí dà zǎo
菜做好。今天一大早，
zhōng zhong gāo gāo xìng xìng de dài zhe shí
中中高高兴兴地带着食
wù qù xué xiào le
物去学校了。

4

<ruby>同<rt>tóng</rt></ruby> <ruby>乐<rt>lè</rt></ruby> <ruby>会<rt>huì</rt></ruby> <ruby>开<rt>kāi</rt></ruby> <ruby>始<rt>shǐ</rt></ruby> <ruby>了<rt>le</rt></ruby> 。

Lisa <ruby>拿<rt>ná</rt></ruby> <ruby>出<rt>chū</rt></ruby> <ruby>法<rt>fǎ</rt></ruby> <ruby>国<rt>guó</rt></ruby> <ruby>香<rt>xiāng</rt></ruby> <ruby>肠<rt>cháng</rt></ruby> <ruby>炒<rt>chǎo</rt></ruby> <ruby>饭<rt>fàn</rt></ruby> 。

Lisa <ruby>说<rt>shuō</rt></ruby> ： " <ruby>法<rt>fǎ</rt></ruby> <ruby>国<rt>guó</rt></ruby> <ruby>是<rt>shì</rt></ruby> <ruby>欧<rt>ōu</rt></ruby> <ruby>洲<rt>zhōu</rt></ruby> <ruby>的<rt>de</rt></ruby>

<ruby>一<rt>yí</rt></ruby> <ruby>个<rt>ge</rt></ruby> <ruby>国<rt>guó</rt></ruby> <ruby>家<rt>jiā</rt></ruby> 。 "

5

<ruby>友<rt>yǒu2</rt></ruby> <ruby>友<rt>yǒu</rt></ruby> <ruby>拿<rt>ná</rt></ruby> <ruby>出<rt>chū</rt></ruby> <ruby>墨<rt>mò</rt></ruby> <ruby>西<rt>xī</rt></ruby> <ruby>哥<rt>gē</rt></ruby> <ruby>的<rt>de</rt></ruby> <ruby>玉<rt>yù</rt></ruby> <ruby>米<rt>mǐ</rt></ruby>

<ruby>包<rt>bāo</rt></ruby> <ruby>饼<rt>bǐng</rt></ruby> ， <ruby>里<rt>lǐ</rt></ruby> <ruby>面<rt>miàn</rt></ruby> <ruby>有<rt>yǒu</rt></ruby> <ruby>饭<rt>fàn</rt></ruby> 、 <ruby>黑<rt>hēi</rt></ruby> <ruby>豆<rt>dòu</rt></ruby>

<ruby>和<rt>hé</rt></ruby> <ruby>生<rt>shēng</rt></ruby> <ruby>菜<rt>cài</rt></ruby> 。

<ruby>友<rt>yǒu2</rt></ruby> <ruby>友<rt>yǒu</rt></ruby> <ruby>说<rt>shuō</rt></ruby> ： " <ruby>墨<rt>mò</rt></ruby> <ruby>西<rt>xī</rt></ruby> <ruby>哥<rt>gē</rt></ruby> <ruby>是<rt>shì</rt></ruby> <ruby>美<rt>měi</rt></ruby>

<ruby>国<rt>guó</rt></ruby> <ruby>南<rt>nán</rt></ruby> <ruby>边<rt>bian</rt></ruby> <ruby>的<rt>de</rt></ruby> <ruby>一<rt>yí</rt></ruby> <ruby>个<rt>ge</rt></ruby> <ruby>国<rt>guó</rt></ruby> <ruby>家<rt>jiā</rt></ruby> 。 "

6

John <ruby>拿<rt>ná</rt></ruby> <ruby>出<rt>chū</rt></ruby> <ruby>韩<rt>hán</rt></ruby> <ruby>国<rt>guó</rt></ruby> <ruby>泡<rt>pào</rt></ruby> <ruby>菜<rt>cài</rt></ruby> <ruby>炒<rt>chǎo</rt></ruby> <ruby>饭<rt>fàn</rt></ruby> 。

John <ruby>说<rt>shuō</rt></ruby> <ruby>泡<rt>pào</rt></ruby> <ruby>菜<rt>cài</rt></ruby> <ruby>是<rt>shì</rt></ruby> <ruby>韩<rt>hán</rt></ruby> <ruby>国<rt>guó</rt></ruby> <ruby>人<rt>rén</rt></ruby> <ruby>民<rt>mín</rt></ruby>

<ruby>的<rt>de</rt></ruby> <ruby>日<rt>rì</rt></ruby> <ruby>常<rt>cháng</rt></ruby> <ruby>食<rt>shí</rt></ruby> <ruby>物<rt>wù</rt></ruby> ， <ruby>他<rt>tā</rt></ruby> <ruby>们<rt>men</rt></ruby> <ruby>生<rt>shēng</rt></ruby> <ruby>活<rt>huó</rt></ruby>

<ruby>里<rt>li</rt></ruby> <ruby>不<rt>bù</rt></ruby> <ruby>能<rt>néng</rt></ruby> <ruby>没<rt>méi</rt></ruby> <ruby>有<rt>yǒu</rt></ruby> <ruby>泡<rt>pào</rt></ruby> <ruby>菜<rt>cài</rt></ruby> 。

míng ming ná chū shòu sī　zǐ cài lǐ mian
明 明 拿 出 寿 司，紫 菜 里 面
bāo le bái fàn 　 dàn hé huáng guā míng
包 了 白 饭、蛋 和 黄 瓜。明
ming shuō shòu sī shì rì běn rén píng cháng
明 说 寿 司 是 日 本 人 平 常
chī de shí wù
吃 的 食 物。

　　　　ná chū jīn huáng sè de yìn dù gā
Ben 拿 出 金 黄 色 的 印 度 咖
lí fàn 　　 hǎo xiāng a 　　　 shuō gā
喱 饭。 好 香 啊！Ben 说 咖
lí fěn shì cóng yìn dù mín zú wén huà
喱 粉 是 从 印 度 民 族 文 化
cūn mǎi lái de
村 买 来 的。

qīng qing ná chū dà jiā zuì ài chī de
青 青 拿 出 大 家 最 爱 吃 的
zhōng guó huǒ tuǐ dàn chǎo fàn 　 qīng qing
中 国 火 腿 蛋 炒 饭。青 青
shuō 　 zhōng guó 　 yìn dù 　 rì běn hé
说，中 国、印 度、日 本 和
hán guó dōu zài yà zhōu
韩 国 都 在 亚 洲。

10

zuì hòu　zhōng zhong ná chū měi guó
最后，中中拿出美国
xià wēi yí zhōu de fèng lí chǎo fàn
夏威夷州的凤梨炒饭。
wa　xiāng xiāng de chǎo fàn fàng zài
哇！香香的炒饭放在
fèng lí li　hǎo² hǎo kàn wo
凤梨里，好好看喔！

11

míng ming shuō　　　　yí　 zěn me
明明说：“咦！怎么
dà jiā dài de shí wù　 dōu shì
大家带的食物，都是
mǐ zuò de
米做的？”
dà jiā xiào zhe shuō　　yuán lái
大家笑着说：“原来，
dà jiā dōu zuì ài chī fàn
大家都最爱吃饭。”

老师问，小朋友回答：

1. 中中和妈妈去哪里买的凤梨？
2. 玉米包饼是哪国的食物？
3. 哪国的人民最爱吃泡菜？
4. 中国在美洲还是在亚洲？
5. 大家带的食物里都有一样什么东西？

附录一　课文和故事英文翻译
(English Translation for Text)

Lesson One
Text – Writing is Very Useful
(1) Wang Xiao-Mao Reads a Newspaper

One day, Wang Xiao-Mao picked up a Chinese newspaper,
He saw many "一" (one),
And saw many "二" (two),
Then saw many "三" (three).
Suddenly,
Wang Xiao-Mao saw the character "川" in the phrase river (河川).
He thought for a long while and said,
"How strange! How come the character "三" (three) stood up?

(2) Writing is Very Useful

A caterpillar used a leaf, wrote a letter to an ant.
He bit three holes in the leaf, meaning "I miss you".
The ant received the letter, read it for half an hour.
He also bit three holes in the leaf, indicating "I do not understand".
The caterpillar and the ant, discussed this important thing.
Hurry up and learn how to write, because writing is of great use.

Story 1 Punctuation is Important

1. John Smith was a good friend of 王文川(Wáng Wén-Chuān / 王文川). He wanted to go to Taipei to learn Mandarin. 王文川(Wáng Wén-Chuān / 王文川)suggested John to stay with his grandma while he was in Taipei.
2. Grandma Wang told John that he was welcome to stay with her. She wrote John a letter to ask him what kind of breakfast he would like to have.
3. John wrote back to Grandma Wang in Chinese. He told her what kind of food he would like for breakfast.
4. There was no punctuation in John's letter. It took Grandma Wang a long time to figure out what he meant.
5. John stayed with Grandma Wang while he was in Taipei. She offered John nothing but juice-flavored milk for breakfast every morning which was not enough for him.
6. John's tummy growled loudly before lunch everyday. He thought maybe Grandma Wang never received his letter.
7. So he asked her about the letter. "Of course I got your letter," she replied. "That's why I have been giving you juice-flavored milk every morning!"
8. She took the letter out and read. "No fish meat is good no bean corn is good I need juice milk every morning."
9. "From your letter I know that you don't want any fish or meat or veggies for breakfast, you only want juice-flavored milk," she explained.
10. "No! No!" John cried. "What I meant was meat is okay if there's no fish; corn is okay if there's no

beans; I also need juice and milk every morning."

11. Grandma Wang couldn't help laughing out loud. "Now I understand how important punctuation is," John grinned and said. "I will learn it well!"

Questions from teacher to students:

1. Why did John go to Taipei?
2. What kind of breakfast did John have?
3. Why was John starved so much that he couldn't even stand up straight?
4. Why did Grandma Wang misunderstand John's letter?
5. What have we learned from this story?

Lesson Two
Text – Monkeys Scooping up the Moon

On the night of the Mid-Autumn Festival, many monkeys played by the well.

A monkey saw there was a moon in the well.

He got scared and yelled,

"Oh, no!

The moon fell into the well!

Let's hurry up and scoop up the moon!"

Thus,

the monkeys held hands, one by another,

dropping themselves into the well.

As soon as the monkey at the bottom

put his hand into the well,

the moon disappeared.

He yelled again, "OK!

The moon is no longer in the well!"

Thus,

the monkeys all climbed back up.

At this time, a monkey lifted his head and saw the moon in the sky,

and said, "OK! OK! The moon went back up into the sky!

We have scooped up the moon!"

Everyone cheerfully clapped their hands and said,

"Hurray! Hurray! We have scooped up the moon!"

Boys and girls,

did the moon really fall into the well?

What really happened?

Story 2 The Story of The Moon Lady –嫦娥 Cháng-é / 嫦娥

1. At the night of the Moon Festival, the whole family of 明明 Ming-Ming 明明 got together in the yard to admire the moon and share the moon cakes. Grandma told a fairy tale about the Moon Festival.

2. "Once upon a time, ten suns appeared in the sky one year, all the plants got dry in the sun, and humans could hardly survive.

3. The strongest person at that time, 后羿 (Hòu-Yì / 后羿), climbed up to the mountaintop, pulled his powerful arch, and shot down nine suns.

4. Finally there was only one sun left, people were cheerful that the weather was normal again, they all elected 后羿 (Hòu-Yì / 后羿) to be their king. But...

5. 后羿 (Hòu-Yì / 后羿) was busy eating, drinking, and having fun the whole time, he also wanted to find the elixir of life because he hoped to live forever.
   His wife 嫦娥Cháng-é / 嫦娥 urged him to be a good king, but he wouldn't listen.

6. One day an immortal gave them two tablets of the elixir of life. The immortal told them that taking one tablet at the night of the 15th of August would make them live forever; yet taking two would make one fly to the moon. 后羿 (Hòu-Yì / 后羿) put the tablets in a box.

7. "后羿 (Hòu-Yì / 后羿) is not a good king, he should not be the king forever." 嫦娥 Cháng-é / 嫦娥 thought. Therefore she swallowed both of the tablets.

8. As a result, 嫦娥 Cháng-é / 嫦娥 flew to the moon, and 后羿 (Hòu-Yì / 后羿) was heartbroken. He couldn't understand why she left him. After a while, he remembered what she advised him before.

9. 后羿 (Hòu-Yì / 后羿) started to make efforts to be a good king, and he finally became one. The sad thing was 嫦娥 Cháng-é / 嫦娥 could never come back to see this.

10. There was a big tree on the moon, 嫦娥 Cháng-é / 嫦娥 always sat under it, and there was a well next to her. She also had a Jade Hare to keep her company."

11. Everyone looked up at the moon. "Is this a real story?" 明明Ming-Ming 明明 asked. Grandma smiled mysteriously without answering.

Questions from teacher to students:
1. How many suns did 后羿 (Hòu-Yì / 后羿) shoot down?
2. On what date were they supposed to take the tablets?
3. Where did 嫦娥 Cháng-é / 嫦娥 fly to after she took the elixir of life?
4. What did 后羿 (Hòu-Yì / 后羿) remember after he found out that 嫦娥 Cháng-é / 嫦娥 was gone?
5. What happened to 后羿 (Hòu-Yì /后羿) at the end of the story?

Lesson Three
Text – Plant a Fish
(1) Plant a Fish
   Old Grandpa Wang planted some beans in the field.
   After a little while,
   he harvested lots of beans.
   Old Grandma Wang planted some corn in the field.
   After a little while,
   she harvested lots of corn.
   Little cat saw this,
   she then planted some fish in the field.
   She waited for a very, very long time –
   How strange!
   How come there were no fish that grew from the field?
(2) An Empty Lot behind the House
   There is an empty lot behind the house.
   Everyone said we should plant something.
   The eldest brother said we should plant pumpkin.

The second brother said we should plant cucumber.
The third brother said we should plant watermelon.
The fourth brother said we should plant cantaloupe.
Year in, year out, month after month,
After all this talk,
Until now,
Behind the house,
Still an empty lot.

Story 3 Jack-O-Lantern

1. 中中 (Zhong-Zhong) made a Jack-O-Lantern last Halloween. All the neighbors said his Jack-O-Lantern was the best in the neighborhood!

2. It rained very hard a day after two weeks, the Jack-O-Lantern became a little rotten. Dad put it in the backyard close to the wall.

3. A couple days later, something fluffy and white appeared on the surface of the Jack-O-Lantern.

4. Winter came, the Jack-O-Lantern was completely covered after it snowed several times.

5. The snow melted when spring came. 中中 (Zhong-Zhong) couldn't find the Jack-O-Lantern anywhere, but he found 3 pumpkin seeds on the ground.*

6. 中中 (Zhong-Zhong) planted the seeds in the soil. Three sprouts appeared after a while, 中中 (Zhong-Zhong) was very excited, he watered them everyday.

7. Later on, the sprouts began to grow leaves. When summer came, they started to bloom yellow blossoms, some were male and some were female.

8. When the female flowers wilted, little pumpkins were produced. "That's strange," 中中 (Zhong-Zhong) wondered. "How come the pumpkins are green?"

9. Autumn followed, it was cold at night, there was frost on the pumpkins every morning.

10. One day 中中 (Zhong-Zhong) surprisingly found all the pumpkins had turned golden yellow. "The pumpkins are ripe, it's time to harvest!" announced Mom.

11. 中中 (Zhong-Zhong) made another Jack-O-Lantern this year using one of the pumpkins he grew. "Welcome back!" he patted the pumpkin and said.

* 中中(Zhong-Zhong) did not dispose of all the pumpkin seeds when he made the Jack-O- Lantern, that's why three seeds were left on the ground after winter.

Questions from teacher to students:

1. When spring came, where did the Jack-O-Lantern go?
2. Why were there three seeds on the ground?
3. How many different kinds of flowers do the plants of pumpkin grow?
4. What color are the pumpkins before they are ripe?
5. Why did 中中 (Zhong-Zhong) say "welcome back" to the pumpkin?

Lesson Four
Text – The World in the Ocean

On Sunday, daddy brought Zhong-Zhong to a beach on Hawaii to go scuba diving. This was the first time Zhong-Zhong went scuba diving, so he was very excited.

Zhong-Zhong and daddy put on their diving masks. In the clear water of the sea, they saw many tropical fish. On the edge of the rocks, they also saw many small creatures of the deep, like sea horses, star fish, and small shrimps.

Zhong-Zhong thought to himself, "What a wonderful world it is in the ocean!"

Just when he was having fun, all of a sudden, a school of fish swam by and started to bite his butt. Startled, Zhong-Zhong quickly swam back to shore.

As it turned out, Zhong-Zhong's pocket had some food in it, which he forgot to take out before he went into the water.

Story 4 A Journey to the West - The Golden Rod
 1. After the Monkey King left 花果山 (Huā Guǒ Shān / 花果山), he begged the most powerful immortal to be his master. The immortal named him "孙悟空" (Sūn Wù Kōng / 孙悟空).
 2. Three years later, 孙悟空(Sūn Wù Kōng / 孙悟空) had learned the skills of seventy-two transformations and cloud somersault from his master. One day he was very homesick, so he did the cloud somersault back to 花果山(Huā Guǒ Shān / 花果山).
 3. At that time, there was a group of hungry monsters who came to 花果山 (Huā Guǒ Shān / 花果山) to grab monkeys for food. 孙悟空 (Sūn Wù Kōng / 孙悟空) was back in time to get rid of them.
 4. 孙悟空 (Sūn Wù Kōng / 孙悟空) trained all the monkeys to practice martial arts everyday. One day 孙悟空 (Sūn Wù Kōng / 孙悟空) big knife was broken.
 5. 孙悟空 (Sūn Wù Kōng / 孙悟空) knew that the Dragon King of the East Sea had the best weapons in the world. So he set off to borrow a good knife for himself.
 6. The Dragon King ordered the turtles to get some big knives for 孙悟空 (Sūn Wù Kōng / 孙悟空) to choose from. "No way, too light!" 孙悟空 (Sūn Wù Kōng / 孙悟空) glared at them and said. "They are like toys!"
 7. This time the Dragon King ordered the turtles to bring out the heaviest knife they got. "Ha! Your so-called 'heaviest knife' is just like a toy!" sneered 孙悟空 (Sūn Wù Kōng / 孙悟空) Now the Dragon King was insulted. "Humph! Nobody can lift the Golden Rod at the bottom of the East Sea, it would be yours if you could!" He snarled.
 8. 孙悟空 (Sūn Wù Kōng / 孙悟空) stood in front of the Golden Rod. "Well, it's too big, I wish it could be smaller," he looked at it and said.
 9. The minute he said that, the rod shrunk to a smaller size. 孙悟空 (Sūn Wù Kōng / 孙悟空) kept shouting, "Smaller! Smaller! Smaller!" Finally the rod shrunk to a size smaller than a needle.
10. 孙悟空 (Sūn Wù Kōng / 孙悟空) gladly put the little rod in his ear, he was very grateful to the Dragon King for the treasure. But now the Dragon King changed his mind and wished he could snatch the Golden Rod back.

Questions from teacher to students:
 1. What did the immortal Master name the Monkey King?
 2. What kind of skills did Sun Wu Kong(Sūn Wù Kōng / 孙悟空) learn from his master?
 3. Why did the monsters go to花果山 (Huā Guǒ Shān / 花果山)?
 4. Whom did (孙悟空 Sūn Wù Kōng / 孙悟空) want to borrow a weapon from?
 5. What did (孙悟空 Sūn Wù Kōng / 孙悟空) get from the sea?

Lesson Five

Text – Giving Grandma a Silk Scarf

In two more weeks, grandma (on the mother's side) will come to the United States from Taipei. Grandma told me over the phone that she bought me a winter coat, and the book Journey to the West (a famous Chinese fable). I was very happy to hear that.

This afternoon, I bought a silk scarf as a gift to Grandma. The silk scarf is in ivory color, with many little golden and red flowers, and very beautiful. I also bought a card, on which I wrote, "Dear Grandma, You are the best grandma in the world. I love you! Sincerely, Qing-Qing, December First". I think Grandma will be very happy when she sees these.

Story 5 The Story of The Silk

1. "Mom," said 青青(Qing-Qing). "Look ! I took some silkworms back from school!" "Oh! 蚕宝宝 (Cán Bǎo Bao / 蚕宝宝)! They are so cute!" exclaimed Mom.
2. The silkworms consumed several mulberry leaves a day. 青青(Qing-Qing) kept a journal of the silkworms' daily life.
3. Two weeks later, the silkworms started to spin silk and wrapped themselves into cocoons.
4. "The teacher told us today that silk can be made into fabrics, her silk scarf is made of silk," said 青青(Qing-Qing).
5. "Actually the technique was invented by a Chinese queen five thousand years ago." said Mom. "Let me tell you the story."
6. "It happened five thousand years ago. One day when the queen, 嫘祖 (Léi-Zǔ / 嫘祖), was having tea under a mulberry tree, a silkworm cocoon fell into her tea cup.
7. 嫘祖 (Léi-Zǔ / 嫘祖) took the cocoon out of her cup, and she noticed a shiny and soft string .
8. 嫘祖 (Léi-Zǔ / 嫘祖) had an idea, she thought it would be comfortable and beautiful to wear an outfit made of this kind of material.
9. Therefore, she started to teach all the people in China how to plant mulberry trees, breed silkworms, and weave silk cloth. China was the first country to make silk fabrics.
10. At that time, foreign merchants would carry gold and travel thousands of miles by foot to China to buy silk. Until now, Chinese silk is still the best in the world."
11. "Mom, it's my turn to do Show-and-Tell tomorrow in school," said 青青 (Qing-Qing). "I will share this story with my class, I am sure the teacher will love it!"

Questions from teacher to students:

1. What did the silkworm spin the silk for?
2. What can be made of silk?
3. Who invented the techniques of breeding silkworms and weaving silk?
4. How did the foreign merchants go the China to get silk?
5. What country has the most famous silk in the world?

Lesson Six

Text – The North Wind and the Sun

One day, the North Wind and the Sun were having a contest to see who was more powerful. Just then, a man was walking on the road with a winter coat on.

The North Wind said to the Sun, "Let's have a contest to see who can make him take off his coat."

Thus North Wind used all his might to blow hard on the man!

The man said to himself as he walked, "It is getting so cold!" He pulled on his coat even tighter. The North Wind got tired of blowing and said to the Sun, "Why don't you try!"

The Sun came out of the clouds, shining warm rays on the man. After walking for a little while, he felt a bit warm. Soon he started sweating. Thus he took off the coat on his own.

The North Wind said, "Mr. Sun, you won. You are more powerful than I am after all."

Story 6 The Mouse Who Got Married on the third day of The Chinese New Year

1. Once upon a time, there was a mouse mayor who had a smart and beautiful daughter, a lot of mice admired her and wanted to marry her.

2. "Mice are small in size and not very powerful, I don't want you to marry a mouse!" ordered the mouse mayor.

3. "Well then, who's most powerful in the world?" asked his daughter. "Hmm, let me think about that," replied the mouse mayor.

4. It was a cold winter day, the mouse mayor did a sunbath on top of the roof . It was so comfortable to be in the warm sun.

5. The mouse mayor suddenly had an idea. "Ah-ha! The sun should be more powerful than anything else in the world, I will marry my daughter to the sun!"

6. Then the mouse mayor went to find the sun. But the sun said, "Cloud is more powerful than I am, because he can totally hide me."

7. The restless mouse mayor went to find the cloud. But the cloud said, "Wind is more powerful than I am, because he can blow me away."

8. The restless mouse mayor went to find the wind. But the wind said, "Wall is more powerful than I am, because he can block me completely."

9. Right at that moment, the mouse mayor saw a mouse making a hole on a wall. "Oh, after all a mouse is more powerful than a wall," he thought.

10. He ran all the way home and told his daughter that mice were most powerful in the world, hence she should definitely marry a mouse.

11. The wedding was on the 3rd day of the first lunar month, which was the third day of Chinese New Year. The bride rode on a carriage wearing a beautiful red dress. They all had a great time in the wedding.

Questions from teacher to students:

1. Why did the mouse mayor forbid his daughter to marry a mouse in the beginning?
2. Why did the mouse mayor think the sun was most powerful?
3. What did the mouse mayor realize at the end of the story?
4. Whom did the mouse mayor's daughter marry to?
5. On what date did she get married?

Lesson Seven
Text – Who Am I Like?

Today is mommy's birthday. Daddy got up early, so did I, just like daddy. Daddy made breakfast, so did I, just like daddy. Daddy said happy birthday to mommy, so did I, just like daddy.

The weather was very nice today. After lunch, daddy drove me and mommy to go fishing at a lake. Our whole family sat next to the lake and kept on fishing, fishing and fishing.

By the time the sun was about to go down, mommy caught a big fish, so did I. How strange! Daddy caught a small fish, only about three inches long.

Aha! This time, I am like mommy!

Story 7 I Want to Help My Grandpa

1. One day 友友(You-You) grandpa had a stroke, and the ambulance took him to the hospital.
2. Mom drove 友友(You-You) to the hospital to visit his grandpa. 友友(You-You) noticed the way he talked was kind of odd.
3. Grandpa came home two weeks later. 友友(You-You) noticed the way he walked was kind of odd, too.
4. The doctor instructed grandpa to practice talking and walking as much as possible. But all he did was staring out of the window.
5. 友友(You-You) remembered how grandpa taught him to read when he was little; grandpa read one sentence and You-You repeated after him. They were very happy back then.
6. "Since I am a big boy now," thought 友友(You-You). " It's my turn to help grandpa get better soon."
7. Therefore 友友(You-You) started to read with grandpa everyday. 友友(You-You) read a sentence and grandpa repeated after him. They felt they were back in the old times.
8. Everyday after supper, grandpa held 友友(You-You) with both hands and walked slowly. 友友(You-You) led him to take one step at a time.
9. Grandpa made progress day by day. 友友(You-You) helped him walk to the park when the weather was nice.
10. Grandpa always bought two ice cream cones. They enjoyed the ice cream together while walking. They had a great time.
11. Half a year later, the doctor announced that grandpa had fully recovered. The whole family was overjoyed, 友友(You-You) was especially glad because he had done his part to help grandpa.

Questions from teacher to students:

1. What happened to友友 (You-You) grandpa?
2. What did the doctor instruct grandpa to do?
3. How did 友友 (You-You) help grandpa practice talking?
4. How did 友友 (You-You) help grandpa practice walking?
5. Why was 友友 (You-You) so happy when grandpa fully recovered?

Lesson Eight
Text – Ming-Ming's Piggy Bank

Ming Ming's piggy bank is a cute little house. The little house has a black chimney, a red door, and two square windows. Ming-Ming often puts her allowance into the little house through the chimney. One day, the little house was full, so Ming-Ming opened the door.

Ming-Ming happily said, "Wow! So much money!" There were many dimes, quarters, and dollar coins in the little house. It took Ming-Ming a long time to count all the money. Ming-Ming said to her mother, "Mom, there are twenty one dollars altogether! I want to deposit this money into a bank, is that OK?"

Mom said, "Sure! I will bring you there right now!"

Ming-Ming said, "Thank you, Mom!"

Story 8
Lemonade and the Parrot

1. When 明明 (Ming-Ming) and her Mom passed a pet shop one day, she saw a very adorable parrot through the window.
2. 明明 (Ming-Ming) always wanted to have a parrot, the pet shop owner said the bird cost forty bucks.
3. After they got home, 明明 (Ming-Ming) checked her bank account and realized she only had thirty dollars. What could she do to raise enough money?
4. "Do you need help?" asked Mom. "Thank you, mom," replied明明 (Ming-Ming). "But I want to sell lemonade myself, I can make 5 cents a cup."
5. "When we had the festival in school last week, our class had a lemonade stand and made a lot of money!" said明明 (Ming-Ming)hopefully.
"You can give it a shot," said Mom.
6. On Friday, 明明 (Ming-Ming) first carried a little square table to the driveway in front of the garage, and then she put the home-made lemonade, cups, and other stuff on it.
7. It took her a long time to sell two cups of lemonade, she made a dollar. It started to rain after that, so she had to move everything back home.
8. On Saturday, 明明 (Ming-Ming)moved the stand to the roadside close to an intersection, she made five dollars after a whole afternoon.
9. On Sunday, 中中 (Zhong-Zhong), 青青 (Qing-Qing)and 友友 (You-You) all came to help. They moved the lemonade stand to the neighborhood park.
10. The lemonade was sold out after just a short time, they made ten dollars. 明明 (Ming-Ming) was very pleased that she got forty-six dollars in total now.
11. 明明 (Ming-Ming) finally brought the parrot home from the pet shop. "What are you going to name her?" asked Mom. 明明 (Ming-Ming) thought for a while and said, "Lemonade!"

Questions from teacher to students:

1. How much did the parrot cost according to the pet shop owner?
2. How much money did 明明 (Ming-Ming)have in her bank account?
3. How much more did 明明 (Ming-Ming)need to purchase the parrot?
4. How much did 明明 (Ming-Ming) make from selling the lemonade?
5. Why did 明明 (Ming-Ming) name her parrot "Lemonade"?

Lesson Nine
Text – Where Are My Glasses?

When grandpa reads the newspapers, he must wear his reading glasses. He often looks for his glasses with newspapers in his hands.

One day, grandpa yelled from upstairs, "Um! Where are my glasses? Who has seen my glasses?"

Mom looked for them in the kitchen, in the dining room and in the yard. Dad went into the living room and the bath room to look for them. They both could not find grandpa's glasses.

You-You went into the study, and grandpa's glasses were not on the desk, on the chair, nor on the sofa. How strange! Where are the glasses?

You-You ran upstairs, when he saw grandpa looking for his glasses on the bed. You-You smiled and said, "Grandpa, I have found the glasses."

Grandpa asked, "Where are they?" You-You said, "You are wearing them on your head!"

Story 9 A Priceless Gift

1. On Sunday morning, 青青 (Qing-Qing) said to Mom, "There is a letter for you on the table in the kitchen." Then she left for Chinese school.
2. Mom opened it and found it was a letter from 青青 (Qing-Qing) which asked her to do a present-hunt starting in the living room. Mom thought it was an interesting idea.
3. Mom found a letter on the sofa. "Guess which book is 青青 (Qing-Qing) favorite? Please find it."
4. "青青 (Qing-Qing) favorite book?" thought Mom. "Ah-ha! It must be 'A Journey to the West'. Let me go to her room and look."
5. Just as expected, the book laid on 青青 (Qing-Qing) bed with a letter next to it. The letter said, "The mirror will tell you where to find your present!"
6. "Which mirror?" Mom thought. She walked into the bathroom downstairs and saw a note on the mirror. "Congratulations! The present is in the backyard."
7. After a long search in the backyard, Mom finally found a golden box underneath the bench . She opened it curiously.
8. "Wow! It's beautiful!" exclaimed Mom. There was a necklace made of pink shells in the box, a card was also inside.
9. The card said, "Dear Mom, Happy Mother's Day! I made this necklace just for you. I love you. 青青 (Qing-Qing)."
10. It was Mother's Day, Mom wore the necklace to dinner with the family.
11. "This necklace is gorgeous!" complimented Dad.

"It is one-of-a-kind, you can not buy it with all the money in the world!" said Mom, winking at 青青 (Qing-Qing).

Questions from teacher to students:

1. Why did 青青 (Qing-Qing) give Mom a present?
2. Where did 青青 (Qing-Qing) put the 1st letter for Mom?
3. Where did 青青 (Qing-Qing) put the book "A Journey to the West"?
4. Where did Mom find her present?
5. Why did Mom say that this present can't be bought with all the money in the world?

Lesson Ten

Text – America, Our Country

America, our country, the place where we grow up.

Here are mountains and plains, here are deserts and rivers.

Every day the sun rises from the Atlantic,

Every day the sun sets into the Pacific.

Sun rise, sun set,

Sun set, sun rise,

Over here, we grow taller day by day.

Over here, we grow bigger day by day.

America, our country,

We all love her very much.

America, our country, the place where we live.

Here are cities and tall buildings, here are farm villages and ranches.

In fifty states live many peoples,

Our forebears coming from all over the globe.

Asia and Europe,

America and Africa,

Over here, there are many different races.

Over here, there are multiple cultures.

America, our country,

We all love her very much.

Story 10 Everybody Loves Rice

1. At the dismissal time yesterday in school, 明明 (Ming-Ming)reminded everyone in class, "We'll have the party tomorrow, don't forget to bring a dish to share!"

2. After school, 中中 (Zhong-Zhong) and Mom went to the farmer's market in town to get a big pineapple, they were going to make an American dish.

3. Mom helped 中中 (Zhong-Zhong) prepare the food after they went home. 中中 (Zhong-Zhong)brought the dish to school happily this morning.

4. The party began, Lisa brought French sausage fried rice. Lisa said France is a country in Europe.

5. 友友 (You-You)brought Mexican burritos, which was tortilla rolled around a filling, including rice, black beans, and lettuce. 友友 (You-You) said Mexico is a country to the south of USA.

6. John's dish was Korean kimchi fried rice. He said kimchi was very important for Korean people, they have to have kimchi everyday.

7. 明明 (Ming-Ming) brought sushi, which was rice, egg and cucumber wrapped in seaweed. She said sushi was a very common food in Japan.

8. Paul brought India golden curry rice, it smelled so good! He said the curry powder was bought from the Indian Cultural Village.

9. 青青 (Qing-Qing) brought the most popular dish, Chinese ham and egg fried rice. She said China, India, Japan and Korea are all in Asia.

10. Finally, 中中 (Zhong-Zhong)ook out his Hawaiian pineapple fried rice. Wow! It was delicious fried rice stuffed in a half pineapple, it looked too good to eat!

11. "Hey! How come all the dishes are made of rice?" asked 明明 (Ming-Ming) .

    "Everybody loves rice!" all kids laughed and said.

Questions from teacher to students:

1. Where did 中中 (Zhong-Zhong) and Mom go to get the pineapple?

2. The people of which country eat burritos most often?

3. The people of which country love kimchi?

4. Is China in America or Asia?

5. What was the common ingredient in every dish?

附录二　生字和生词表（中英对照）

课数	生字	词语	英译
第一课	wáng 王	wáng xiān sheng 王先生	Mr. Wang
		wáng guān 王冠	crown
	wén 文	zhōng wén 中文	the Chinese language
		wén zì 文字	character
	xǔ 许（許）	xǔ duō 许多	many
		yě xǔ 也许	perhaps
	chuān 川	hé chuān 河川	river
		shān chuān 山川	mountains and rivers
	bàn 半	bàn tiān 半天	half a day; a long while
		yí bàn 一半	half
	zhàn 站	zhàn zhe 站着	standing
		chē zhàn 车站	station
	xiě 写（寫）	xiě zì 写字	to write
		xiě xìn 写信	to write a letter
	yǎo 咬	yǎo yì kǒu 咬一口	to take a bite
	biǎo 表	biǎo gē 表哥	an elder male cousin
		biǎo yǎn 表演	to perform; a performance
	shì 示	biǎo shì 表示	to express; indication
	shōu 收	shōu dào 收到	to receive
		huí shōu 回收	to recycle
	diǎn 点（點）	wǔ diǎn bàn 五点半	half past five
		diǎn xin 点心	snacks; refreshments
	shì 事	shì qing 事情	matter; business
		gù shi 故事	story

课数	生字	词语	英译
第二课	qiū 秋	qiū tiān 秋天	fall; autumn
		zhōng qiū jié 中秋节	the Mid-Autumn Festival
	wǎn 晚	wǎn shang 晚上	evening; night
		wǎn ān 晚安	Good evening/night!
	jǐng 井	jǐng shuǐ 井水	water from a well
		yì kǒu jǐng 一口井	a well
	zhī 只（隻）	liǎng zhī niǎo 两只鸟	two birds
	miàn 面	miàn jù 面具	mask
		lǐ miàn 里面	inside
	liàng 亮	yuè liang 月亮	the moon
		piào liang 漂亮	beautiful
	diào 掉	diào xia lai 掉下来	to fall
		cā diào 擦掉	to wipe; to erase
	lā 拉	lā kāi 拉开	to pull open
		lā dù zi 拉肚子	diarrhea
	zuì 最	zuì hǎo 最好	the best
		zuì hòu 最后	the last
	fàng 放	fàng xué 放学	the class is dismissed
		fàng jin qu 放进去	to put in
	tái 抬	tái tóu 抬头	to raise one's head
		tái qi lai 抬起来	to lift
	tóu 头（頭）	tóu tòng 头痛	headache
		tóu fa 头发	hairs
	xìng 兴（興）	xìng qù 兴趣	interest
		gāo xìng 高兴	happy

课数	生字	词语	英译
第三课	gōng 公	lǎo gōng gong 老公公	old man
		gōng yuán 公园	park
	dòu 豆	huáng dòu 黄豆	soy bean
		dòu fu 豆腐	bean curd
	zhòng 种 (種)	zhòng huā 种花	to plant flowers
		zhǒng zi 种子	seed
	chéng 成	shōu chéng 收成	to reap; harvest
		chéng gōng 成功	to succeed; success
	yù 玉	yù mǐ 玉米	corn
		yù zhuó 玉镯	jade bracelet
	děng 等	děng yi xià 等一下	later; wait a minute!
		děng yú 等于	to equal
	dōng 东 (東)	dōng xi 东西	things
		dōng fāng 东方	the east
	xī 西	xī fāng 西方	the west
		xī zhuāng 西装	suit
	guā 瓜	hā mì guā 哈密瓜	honeydew melon
		shǎ guā 傻瓜	fool
	nán 南	nán guā 南瓜	pumpkin
		nán jí 南极	Antarctic
	zhí 直	yì zhí 一直	always
		zhí xiàn 直线	straight line
	xiàn 现 (現)	xiàn zài 现在	now
		xiàn jīn 现金	cash
	kòng 空	kòng wèi 空位	a vacant seat
		tài kōng rén 太空人	astronaut

课数	生字	词语	英译
第四课	qī 期	rì qī 日期	date
		xīng qī 星期	week
	biān 边 (邊)	hǎi biān 海边	seashore; beach
		běi biān 北边	the north; the northern part
	fēi 非	fēi cháng 非常	very
		fēi zhōu 非洲	Africa
	cháng 常	cháng cháng 常常	often
		shí cháng 时常	often
	jù 具	jiā jù 家具	furniture
		gōng jù 工具	tool
	dòng 动 (動)	yùn dòng 运动	sport
		dòng wù yuán 动物园	zoo
	wù 物	lǐ wù 礼物	present; gift
		shēng wù 生物	a living thing; biology
	yáng 洋	hǎi yáng 海洋	ocean
	shì 世	shì jiè 世界	the world
		shì jì 世纪	century
	jiè 界	jiè xiàn 界线	boundary; borderline
		biān jiè 边界	border
	měi 美	měi guó 美国	The United States of America
		měi shù 美术	fine arts
	yuán 原	yuán lái 原来	originally
		yuán liàng 原谅	to forgive
	shí 食	shí wù 食物	food
		shí pǔ 食谱	recipe
	wàng 忘	wàng jì 忘记	to forget

课数	生字	词语	英译
第五课	tái 台	tái běi 台北	Taipei
		tái shang 台上	on the stage
	běi 北	běi fāng 北方	the north; in the northern part of
		běi jí xióng 北极熊	polar bear
	guó 国 (國)	guó qí 国旗	the national flag
		guó jiā 国家	nation
	diàn 电 (電)	diàn shì 电视	television
		diàn nǎo 电脑	computer
	piàn 片	kǎ piàn 卡片	card
		xiàng piàn 相片	photo
	yī 衣	yī fu 衣服	clothes
		yǔ yī 雨衣	raincoat
	jì 记 (記)	rì jì 日记	diary
		jì de 记得	to remember
	jīn 今	jīn tiān 今天	today
		jīn nián 今年	this year
	sī 丝 (絲)	sī lù 丝路	The Silk Road
		ròu sī chǎo fàn 肉丝炒饭	fried rice with shredded meat
	jīn 巾	wéi jīn 围巾	scarf
		máo jīn 毛巾	towel
	jīn 金	jīn yú 金鱼	gold fish
		jīn pái 金牌	gold medal
	sè 色	jīn sè 金色	gold color
		cǎi sè bǐ 彩色笔	color marker
	mǎi 买 (買)	mǎi dōng xi 买东西	shopping
		mǎi cài 买菜	to buy food
	dìng 定	yí dìng 一定	certainly
		jué dìng 决定	to decide

课数	生字	词语	英译
第六课	lù 路	lù biān 路边	on the side of a road
		mǎ lù 马路	road
	shēn 身	shēn tǐ 身体	body
		shēn gāo 身高	the height of a person
	chuān 穿	chuān yī 穿衣	to wear clothes
		chuān xié 穿鞋	to put on shoes
	bǐ 比	bǐ bǐ kàn 比比看	to compare
		bǐ sài 比赛	contest
	duì 对 (對)	dá duì le 答对了	Correct!
		duì bu qǐ 对不起	Sorry!
	néng 能	kě néng 可能	possible
		bù néng 不能	cannot
	yáng 阳 (陽)	yáng tái 阳台	balcony
		tài yáng yǎn jing 太阳眼镜	sunglasses
	chuī 吹	chuī fēng jī 吹风机	hair drier
		chuī kǒu shào 吹口哨	whistle
	yú 于 (於)	yú shì 于是	so; thereafter
		zhōng yú 终于	finally
	lěng 冷	lěng shuǐ 冷水	cold water
		hěn lěng 很冷	very cold
	rè 热 (熱)	hěn rè 很热	very hot
		rè nao 热闹	bustling; cheerful
	lèi 累	hěn lèi 很累	very tired
	zì 自	zì lái shuǐ 自来水	tap water
		zì sī 自私	selfish
	jǐ 己	zì jǐ 自己	self

课数	生字	词语	英译
第七课	lè 乐 (樂)	kuài lè 快乐	happy
		yīn yuè 音乐	music
	yàng 样 (樣)	yí yàng 一样	same
		yàng zi 样子	appearance; style
	zuò 做	zuò shì 做事	to do; to work
		zuò gōng kè 做功课	to do homework
	fàn 饭 (飯)	wǎn fàn 晚饭	dinner
		zuò fàn 做饭	to cook meals
	qì 气 (氣)	tiān qì 天气	weather
		kōng qì 空气	air
	wán 完	zuò wán le 做完了	done
		wán chéng 完成	to accomplish
	chē 车 (車)	xiào chē 校车	school bus
		gōng gòng qì chē 公共汽车	bus
	dài 带 (帶)	ān quán dài 安全带	seatbelt
		pí dài 皮带	belt
	quán 全	quán jiā 全家	whole family
		quán bù 全部	the whole
	qí 奇	qí guài 奇怪	strange
		hào qí 好奇	curious
	guài 怪	guài shòu 怪兽	monster
		guài bié rén 怪别人	to blame a person for…
	cùn 吋	yí cùn 一吋	one inch
	cì 次	zhè cì 这次	this time
		sān cì 三次	three times
	xiàng 像	hǎo xiàng 好像	to seem
		hěn xiàng 很像	alike; similar

课数	生字	词语	英译
第八课	fáng 房	fáng jiān 房间	room
		shū fáng 书房	study room
	cōng 囱	yān cōng 烟囱	chimney
	chuāng 窗	chuāng lián 窗帘	curtain
		chē chuāng 车窗	car window
	hù 户	chuāng hu 窗户	window
		hù tóu 户头	bank account
	fāng 方	zhèng fāng xíng 正方形	square
		fāng xiàng 方向	direction
	qián 钱 (錢)	líng yòng qián 零用钱	allowance
		huā qián 花钱	to spend money
	dǎ 打	dǎ kāi 打开	to open
		dǎ zì 打字	to typewrite
	yuán 元	yì yuán 一元	one dollar
		yuán dàn 元旦	New Year's Day
	shǔ 数 (數)	shǔ yi shǔ 数一数	to count
		shù xué 数学	mathematics
	cún 存	cún qián 存钱	to save money
		cún zhé 存折	a bankbook
	yín 银 (銀)	yín pái 银牌	silver medal
		yín hé 银河	the Milky Way
	háng 行	yín háng 银行	bank
		bù xíng 不行	not allowed
	xiè 谢 (謝)	xiè xie 谢谢	to thank
		huā xiè le 花谢了	faded
	mài 卖 (賣)	mài dōng xi 卖东西	to sell things
		mài diào le 卖掉了	has been sold

课数	生字	词语	英译
第九课	yǎn 眼	yǎn jīng 眼睛	eye
		yǎn lèi 眼泪	tears
	jìng 镜 (鏡)	yǎn jìng 眼镜	glasses
		fàng dà jìng 放大镜	magnifying glass
	lóu 楼 (樓)	lóu tī 楼梯	stairway
		lóu shang 楼上	upstairs
	chú 厨 (廚)	chú fáng 厨房	kitchen
		chú shī 厨师	a cook
	yuàn 院	yuàn zi 院子	yard
		yī yuàn 医院	hospital
	kè 客	kè ren 客人	guest
		qǐng kè 请客	to treat
	xǐ 洗	xǐ zǎo 洗澡	to take a bath
		xǐ yī jī 洗衣机	washing machine
	jiān 间 (間)	xǐ shǒu jiān 洗手间	restroom
		zhōng jiān 中间	middle
	yǐ 椅	yǐ zi 椅子	chair
	zhuō 桌	shū zhuō 书桌	desk
		fàn zhuō 饭桌	dining table
	fā 发 (發)	fā míng 发明	to invent
		fā xiàn 发现	to discover
	shí 时 (時)	shí jiān 时间	time
		shí hou 时候	time; while
	hòu 候	qì hòu 气候	climate
		wèn hòu 问候	to greet
	chuáng 床	qǐ chuáng 起床	to get up
		chuáng dān 床单	bed sheet

课数	生字	词语	英译
第十课	píng 平	píng yuán 平原	plain
		gōng píng 公平	fair
	shēng 升	shēng qí 升旗	to hoist a flag
		zhí shēng jī 直升机	helicopter
	luò 落	luò yè 落叶	fallen leaves
		jiàng luò sǎn 降落伞	parachute
	huó 活	huó dòng 活动	activity
		shēng huó 生活	life
	chéng 城	chéng shì 城市	city
		zhōng guó chéng 中国城	Chinatown
	shì 市	shì chǎng 市场	market
		shì zhǎng 市长	mayor
	nóng 农 (農)	nóng fū 农夫	farmer
		nóng chǎng 农场	farm
	cūn 村	nóng cūn 农村	rural area; countryside
	chǎng 场 (場)	cāo chǎng 操场	playground
		tǐ yù chǎng 体育场	stadium
	zhōu 州	zhōu zhǎng 州长	governor
		jiā zhōu 加州	California
	mín 民	rén mín 人民	people
		gōng mín 公民	citizen
	zhōu 洲	měi zhōu 美洲	America
		yà zhōu 亚洲	Asia
	huà 化	wén huà 文化	culture
		huà shí 化石	fossil
	yà 亚 (亞)	yà jūn 亚军	runner-up
		yà yì 亚裔	Asian American

附录三　生字表（按音序排列）

	第一册	第二册	第三册
A		ài 爱	
B	bā　bā　bǐ　bái　bǎi　bú　bù 八、巴、比、白、百、不、不	bǎ　bà　bāo　bèi　běn　bǐ 把、爸、包、贝、本、笔	bàn　biān　biǎo　běi　bǐ 半、边、表、北、比
C	cǎo　chàng 草、唱	cāi　cái　cháng　chī　chū　chūn　cóng 猜、才、长、吃、出、春、从	cháng　chǎng　chē　chéng　chéng 常、场、车、成、城、 chú　chuān　chuān　chuāng　chuáng 厨、川、穿、窗、床、 chuī　cì　cōng　cūn　cún　cùn 吹、次、囱、村、存、寸
D	dà　dāo　de　dì　dù　duō 大、刀、的、地、肚、多	dào　dào　de　dé　dì　dōng　dòng 到、道、得、得、弟、冬、洞、 dōu　dū　duǒ 都、都、朵	dǎ　dài　děng　diǎn　diàn　diào 打、带、等、点、电、掉、 dìng　dōng　dòng　dòu　duì 定、东、动、豆、对
E	ěr　èr 耳、二	ér 儿	
F	fēng 风	fāng　fēi　fēn 方、飞、分	fā　fàn　fāng　fáng　fàng　fēi 发、饭、方、房、放、非
G	gōng 工	gāo　gào　gē　gē　gè　gěi　gēn 高、告、哥、歌、个、给、跟、 gòng　guǒ　guò 共、果、过	gōng　guā　guài　guó 公、瓜、怪、国
H	hǎo　hé　hé　hóng　huā　huǒ 好、禾、和、红、花、火	hái　huán　hǎi　hé　hé　hēi 还（还）、海、合、河、黑、 hěn　hòu　huà　huà　huáng　huí　huì 很、后、画、话、黄、回、会	háng　hòu　hù　huà　huó 行、候、户、化、活
J	jiān　jiàn　jiào　jiāng　jiāo　jiǔ 尖、见、叫、江、交、九	jǐ　jiā　jìn　jiǔ　jiù 几、家、进、久、就	jǐ　jì　jiān　jīn　jīn　jīn 己、记、间、巾、今、金、 jiè　jǐng　jù　jìng 界、井、具、镜
K	kǎ　kàn　kǒu　kū 卡、看、口、哭	kāi　kě　kuài 开、可、快	kè　kōng　kòng 客、空、空
L	lái　le　lǐ　lì　lì　lín　liù 来、了、李、力、立、林、六	lǎo　lái　lǐ　lì　liǎng　liú 老、来、里、力、两、流	lā　lè　lèi　lěng　liàng　lóu 拉、乐、累、冷、亮、楼、 lù　luò 路、落
M	méi　mǐ　míng　mù　mù 没、米、明、木、目	mā　mǎ　máo　me　měi　mèi　men 妈、马、毛、么、每、妹、们、 míng　mén 名、门	mǎi　mài　měi　miàn　mín 买、卖、美、面、民
N	nǎ　nà　nán　nǐ　nǚ 哪、那、男、你、女	ná　nǎi　nián　niǎo　niú 拿、奶、年、鸟、牛	nán　néng　nóng 南、能、农

P	péng	pá pà pǎo	piàn píng
	朋	爬、怕、跑	片、平
Q	qī qiān qù	qǐ qián qīng qǐng	qī qí qì qián qiū quán
	七、千、去	起、前、青、请	期、奇、气、钱、秋、全
R	rén rì ròu	rú rù	rè
	人、日、肉	如、入	热
S	sān shā shān shàng shǎo shé	shén shéi shū shuō sòng sù	sè shēn shēng shí shí shì
	三、沙、山、上、少、舌、	什、谁、书、说、送、诉	色、身、升、时、食、事、
	shēng shí shí shì shǒu shuǐ		shì shì shì sī shōu shù
	生、十、石、是、手、水、		示、世、市、丝、收、数、
	sì		shù
	四		数
T	tā tiān tián tǔ	tài tiào tóng	tái tái tóu
	他、天、田、土	太、跳、同	抬、台、头
W	wán wèi wǒ wǔ	wā wài wéi wèi wèn wǔ	wán wǎn wáng wàng wén wù
	玩、位、我、五	蛙、外、为（为）、问、午	完、晚、王、忘、文、物
X	xià xiàng xiǎo xiào xiào xīn xīng	xiān xiǎng xīn xìn xué	xiàn xiàng xī xǐ xiě xiè
	下、象、小、校、笑、心、星、	先、想、新、信、学	现、像、西、洗、写、谢、
	xìng xuě		xīng xíng xìng xǔ
	姓、雪		兴、行、兴、许
Y	ya yá yán yě yī yǒu yǒu	yán yáng yào yǐ yòng yóu yòu	yà yǎn yáng yáng yàng yǎo
	呀、牙、言、也、一、友、有、	言、羊、要、以、用、游、又、	亚、眼、洋、阳、样、咬、
	yòu yǔ yuè yún	yú	yī yǐ yín yuán yú yù
	右、雨、月、云	鱼	衣、椅、银、原、于、玉、
			yuán yuàn
			元、院
Z	zài zǎo zhè zhèng zhǐ zhōng	zài zěn zhǎng zhǎo zhēn zhī zhǐ	zì zhàn zhǐ zhí zhǒng zhòng
	在、早、这、正、只、中、	再、怎、长、找、真、知、只、	自、站、只、直、种、种、
	zhú zǐ zi zú zuǒ zuò zǒu	zhù zì	zhōu zhōu zhuō zuì zuò
	竹、子(子)、足、左、坐、走	住、字	洲、州、桌、最、做